A CORRUPÇÃO BRASILEIRA
NA VISÃO PSICANALÍTICA

A corrupção brasileira na visão psicanalítica

Paulo Renato Marques

Sumário

A CRÍTICA E A CLÍNICA DA CORRUPÇÃO BRASILEIRA 9

INTRODUÇÃO 17

CONTEXTUALIZAÇÃO DA CORRUPÇÃO NA PESQUISA 35

   O QUE É CORRUPÇÃO PARA A PESQUISA 35

   Uma pequena abordagem histórica da corrupção 42

A CONTRIBUIÇÃO DO CONCEITO FREUDIANO DO "O MAL-ESTAR NA CIVILIZAÇÃO" 49

A FORMAÇÃO DA SOCIEDADE BRASILEIRA SOB O OLHAR GENEALÓGICO 75

   A FORMAÇÃO DA SOCIEDADE BRASILEIRA E A HERANÇA DA CORRUPÇÃO 76

      No Brasil Colônia 77

      Da Monarquia à República 99

      A Era Vargas 123

   O BRASIL CONTEMPORÂNEO 155

      Um breve recenseamento do Brasil dos anos 2000 156

      Alguns aspectos da corrupção do Brasil dos anos 2000 166

A CORRUPÇÃO BRASILEIRA NA VISÃO DA PSICANÁLISE *183*

O SUJEITO, OS LAÇOS SOCIAIS E A PERVERSÃO SOCIAL *185*

O sujeito e o processo de subjetivação 186

O ser do homem comum 198

Os novos laços sociais 204

A perversão social 212

QUEM É O HOMEM COMUM CONTEMPORÂNEO E QUE MODELO DE CORRUPÇÃO ELE VÊ NO BRASIL? *223*

Quem é o homem comum no Brasil contemporâneo? 224

O modelo de corrupção que o homem comum vê no Brasil de hoje 246

O legalismo seletivo 246

A mudança a partir da década de 1960 251

A referência do Estado 256

A impunidade no Brasil 265

CONCLUSÃO *273*

REFERÊNCIAS BIBLIOGRÁFICAS *309*

NOTAS DO AUTOR *319*

AGRADECIMENTOS *329*

A Crítica e a Clínica da Corrupção Brasileira

Auterives Maciel Júnior

A *corrupção brasileira na visão psicanalítica*, livro de Paulo Renato Marques, traz, com muita pertinência, duas questões de alta contundência crítica e clínica. Na primeira, ele se pergunta: qual a causalidade historiográfica que condiciona a corrupção no Brasil? Já na segunda ele se aventura a uma análise clínica de tal fenômeno pela formulação da questão: como podemos pensar a corrupção à luz de uma causalidade específica explicitada pela abordagem psicanalítica? Com grande habilidade genealógica, Paulo cria as condições de entrelaçamento destas duas questões, retirando da crítica empreendida pelo relato historiográfico, uma inflexão clínica que conjuga — de uma maneira original e contundente — a corrupção brasileira com uma psicanalise implicada no empreendimento da clínica da perversão social. Nesta conjugação, ele chega a dois resultados, cuja análise parcial convém agora analisar.

No desdobramento da primeira questão, o autor constrói toda uma abordagem genealógica da corrupção no Brasil, que parte do período colonial, atravessando fases crucias de difusão da corrupção, para chegar, de forma surpreendente, ao homem cordialmente comum que retira das organizações de poder — sejam elas estatais ou não — os exemplos a serem seguidos por todos aqueles que se sintam autorizados a tirarem proveito — ilicitamente — de alguma vantagem facilitada pelos recantos obscuros da cultura brasileira.

Nesta abordagem, a inflexão genealógica irá se conjugar com o relato historiográfico de uma maneira tão magistral que a crítica será depreendida da tessitura da análise histórica, pacientemente construída nos relatos apresentados ao longo das partes inicias do livro. Além disso, convém dizer que os relatos entremeiam problemas oriundos da filosofia com questões suscitadas pela pesquisa histórica utilizada pelo autor, tendo como resultado um arcabouço interdisciplinar devidamente fundamentado no cenário da história do Brasil. No final deste primeiro trajeto, a tese do homem cordialmente comum irá se depreender da crítica aplicada a uma análise da história do Brasil, feita de uma maneira criteriosa, rigorosa e surpreendentemente original. Nela, o leitor lerá as condições de possibilidade da corrupção do Brasil que engendraram o contexto de uma corrupção difusa e abrangente, sem contudo cair na militância fácil, nem tampouco no relato raso da pesquisa de historiador. A originalidade de Paulo, cremos nós, consiste na paciência de um genealogista que usa a história, para nela encontrar as suas condições de possibilidade, buscando na crítica o motor do seu empreendimento.

Além disso, o percurso, entremeado pela abordagem do mal estar, cria as condições de entrelaçamento da crítica depreendida da genealogia com a clínica psicanalítica voltada para uma escuta aprimorada do sujeito brasileiro. Aqui, novamente, o autor nos surpreende através de uma análise criteriosa da perversão social, depreendida de diversos autores que pensam tal categoria no âmbito do cenário contemporâneo. A clínica surge da pesquisa bibliográfica feita sobre autores psicanalistas que pensam a perversão contemporânea, mas que se torna uma clínica especifica, uma vez adaptada ao cenário cultural do Brasil. Ou seja, na abordagem de Paulo a perversão social deve ser criteriosamente relacionada ao cenário da corrupção nacional, estando as condições clínicas da escuta psicanalítica empenhada no diagnóstico da perversão social como um possível disparador da situação atual da corrupção no Brasil.

Todavia, convém aqui esclarecer tal entrelaçamento através de uma terceira pergunta: estaria a corrupção devidamente explicada pela perversão social? Tal questão, que justifica a intercessão pretendida, será respondida, cremos nós, de uma maneira magistral:

mesmo que o encadeamento seja feito de uma forma contundente e necessária, a abordagem psicanalítica não se aventura a uma resposta universal que torne impossível outras abordagens do fenômeno da corrupção, uma vez que a interdisciplinaridade é o tom que guia — desde o início da pesquisa — o itinerário do autor. Neste caso, Paulo opta pela inflexão cartográfica ao dizer que a visão psicanalítica deve ser situada no contexto de uma clínica que não negligencia a crítica da abordagem genealógica.

Sendo assim, ele conjuga uma possibilidade de abertura analítica, que coloca conexa a genealogia com a abordagem meta psicológica, sem contudo cair em explicações causais lineares.

Duplamente original, *A corrupção brasileira na visão psicanalítica* é um livro necessário, pois faz o leitor refletir e continuar pensando sobre as condições históricas e psicanalíticas da cultura atual do Brasil. Sendo assim, ele realiza de uma forma profícua a Crítica e a Clínica da corrupção brasileira, mostrando os aspectos mais plausíveis de um entendimento da nossa contemporaneidade, sem contudo apelar para ilusões metafísicas. Finalmente, ele sugere, sem delongas, que em uma abordagem pluralista e interdisciplinar, o manejo crítico e a pesquisa clínica só alcançam sua devida maturidade quando ensejam pensar as condições do presente pela abordagem genealógica do passado, para saber se é possível, pela clínica contemporânea, alcançar as condições de uma nova maneira de pensar.

AUTERIVES MACIEL JÚNIOR é mestre em Filosofia pela UERJ e Doutor em Teoria Psicanalítica pela UFRJ. Trabalha atualmente no departamento de Pós-Graduação em Psicanálise, Saúde e Sociedade da Universidade Veiga de Almeida, no departamento de psicologia da Pontifícia Universidade Católica do Rio de Janeiro – e é membro associado da Sociedade de Psicanálise Iraci Doyle – SPID.

É autor dos livros *Pré-socráticos, a invenção da razão* (Odysseus); *O todo-aberto, tempo e subjetividade em Henri Bergson* (Arquimedes); *Trauma e ternura, a ética de Sándor Ferenczi* (7Letras) e *Duas éticas em questão* (Paco Editorial).

A corrupção de um ser é
a geração de outro.
Aristóteles

INTRODUÇÃO

O termo corrupção ganhou um significado muito amplificado no Brasil de hoje. Como se todos tivessem descoberto a corrupção como algo original. Como se nunca tivéssemos visto isso ou como se nunca tivesse ocorrido no Brasil.

Nos causa espanto a corrupção que vemos nos poderes públicos, sobretudo, na classe política. Todos os dias os noticiários reportam verdadeiras cenas de horror nos gabinetes palacianos, espalhados por todo o país. Algo novo? Por certo, não. Mas tratamos como se aquilo não nos pertencesse, algo repugnante. Aprendemos a dizer que tudo isso "é uma vergonha", não? Construímos uma narrativa onde todos os problemas de corrupção estão circunscritos apenas à corrupção pública. Do Presidente a seus assessores, dos Governadores a seus secretários, dos Prefeitos a Vereadores, assim como Senadores, Deputados, Magistrados e a tantos e tantos outros. Por incrível que possa parecer, só descobrimos agora que empresas privadas também participam desse mundo, dando o suporte que a política precisa. Obviamente estou sendo irônico. Na verdade, em nossa sociedade sempre se soube que a corrupção fazia parte do meio ambiente social, contudo, sempre disfarçamos a sua existência. Agíamos e, ainda agimos, como se não a enxergássemos. Nos comportávamos como se fossemos imunes a qualquer conduta ilegal e que, se existisse algum problema de corrupção, este problema estaria localizado no Governo.

É interessante e curioso o cidadão comum brasileiro achar a classe política extremamente corrupta sem, contudo, fazer qualquer exercício de análise da sua própria conduta quanto ao seu respeito às leis e as regras.

Assim, sem muito risco de errar, podemos afirmar que, no imaginário social do Brasil de hoje, corrupção é desvio de recursos, ou qualquer outro ato ilícito de algum ente público ou alguém de sua ligação. Concordo que diante de tantos fatos noticiados nos meios de comunicação quanto à lisura da classe política, não há como discordar que estamos tratando de uma classe com sérios comprometimentos morais.

Assim, assumindo que, de fato, haja um ambiente favorável a um processo de corrupção estrutural na classe política ou no poder público da nação podemos, ato contínuo, nos questionar: e o resto? E o restante da sociedade? E o indivíduo? Ninguém tem participação, ao menos solidária, nessa questão? A sociedade é altamente ilibada e o indivíduo, ao adentrar na classe política se corrompe automaticamente? Que indivíduo essa sociedade está formando? E o Homem Comum brasileiro?

Nessa pesquisa, vamos estudar exatamente o comportamento desse Homem Comum brasileiro. Aquele cidadão (homem ou mulher) que pertence às classes majoritárias da sociedade, e que não desempenhe qualquer posição político-partidária ou qualquer posição relevante do poder público, tais como importantes cargos do executivo governamental ou ainda do legislativo e/ou judiciário. Esse personagem que identificamos, compõe o grande estrato social, trabalha arduamente, está exposto ao dramático custo Brasil e, não desfruta dos conhecidos benefícios que membros do poder público usufruem. Por essa razão, vamos chamá-lo, daqui por diante, de o Homem Comum brasileiro. Ressaltamos ainda que Homem aqui, não carrega qualquer conotação de gênero (será tanto o homem quanto a mulher). Trata-se apenas do eventual nome que atribuímos ao nosso personagem[1].

Uma vez definido o personagem central, vamos definir a segunda questão central: o que vem a ser corrupção para a pesquisa. Segundo o dicionário *Michaelis On-Line* (michaelis.uol.com.br), corrupção tem como definição: ato ou resultado de corromper; decomposição de matéria orgânica; adulteração; degradação dos valores morais; ato ou efeito de subornar alguém etc. Deterioração e putrefação também figuram como definições que, comumente, também podemos encontrar.

Portanto, corrupção é algo muito amplo e, hoje em dia, muito ligado às questões públicas. Como a corrupção é tema central, vamos contextualizá-la como sendo um ato de transgressão[2] do nosso Homem Comum brasileiro.

Ou seja, algum ato que excedeu os limites morais da sociedade. Algo feito rigorosamente de forma consciente e deliberado, que ultrapasse os limites de uma lei ou regra social — formalmente estabelecida. Algo que prejudique a coletividade, ou a um grupo de indivíduos da sociedade. Portanto, essa transgressão, que é uma corrupção, pode ser desde estacionar um veículo na calçada irregularmente; avançar um sinal; adquirir algum produto de origem duvidosa (por certos camelôs); não devolver um troco a mais deliberadamente; até o não pagamento de impostos ou mesmo a subtração de certo produto em alguma loja de departamento.

Em suma, algum ato feito de forma banal — é importante que se frise banal — consciente e, sabidamente irregular, podendo até ter gravidade delituosa ou criminal, mas lembremos de que não faz parte do escopo da pesquisa qualquer análise sob a ótica jurídico penal. *Vamos analisar atos cotidianos de transgressões de leis ou regras sociais, praticados pelo Homem Comum brasileiro.*

Antes de prosseguirmos em nossas postulações, permita-me expor as razões que me levaram ao estudo de tal tema. Durante oito anos da minha vida profissional tive a oportunidade de atuar profissionalmente em cerca de 15 países entre Europa e Américas. Por certo uma experiência muito rica em diferentes culturas. Durante esse tempo, pude comparar que o cidadão brasileiro apresentava um comportamento mais leniente e permissivo na obediência às regras e leis, diante dos demais cidadãos, sobretudo os de países mais socialmente avançados. Dada a recorrência dessa observação, até pelo prolongado tempo de observação, concluí que efetivamente havia alguma coisa que nos diferenciava. Mas nunca imaginei que isso nos tornava diferentes do resto das sociedades. Mas o fato era profundamente intrigante.

Veja, estamos falando de uma "tal" leniência ou maior permissividade ao cumprimento de regras. Em outras palavras, notava uma "certa suavidade" no rigor legal. Uma falta de atenção com o trato coletivo das coisas públicas. Isso ficou tão evidente na minha percepção que daí nasceu o desejo de investigar tal observação de forma acadêmica. Inicialmente essa análise se deu no campo da Ciência Política, sob a visão sociológica, por ocasião do meu curso de mestrado. E agora, até para concluir essa longa análise, o faço, com muita satisfação, no campo da Psicanálise, ou melhor, na visão do sujeito.

Pude depreender dos estudos da psicanálise que transgredir é parte da existência do sujeito. É parte da sua vida, que vive o princípio básico que permeia a todos, que é viver em sociedade.

O pai da fantástica teoria psicanalítica Sigmund Freud (1856-1939) nos diz que a sociedade é um grande equilíbrio entre o princípio de prazer e o princípio de realidade. Veremos no próximo capítulo que o ser humano, para viver em sociedade, precisa abrir mão de parte de seus desejos "primitivos" em prol de um coletivo. Obviamente, se todos quisessem exercer seus desejos livremente, a sociedade seria um verdadeiro caos, uma verdadeira distopia. Portanto, a sociedade é um grande palco de equilíbrio de forças individuais que, no seu conjunto, devem se equilibrar para a harmonia da convivência.

Assim, se a transgressão for algo que se torne banal na sociedade, ou seja, frequente a cena social de forma que não seja nem mais notada, obviamente a cultura da sociedade estará sob sério risco.

Em minhas observações, reuni muitas expressões populares do cotidiano que, claramente, sugerem atitudes transgressivas, com essa conotação de banalidade. Vamos apontar algumas delas, pelo menos as mais curiosas. Senão vejamos:

"Fiz apenas uma vez, mas não faço mais" ou **"Não acatei, pois aquela lei é um absurdo"** ou **"Agora é a minha vez também"** ou **"Não devolvi, não foi erro meu"** ou **"Ah, eles têm mais dinheiro do que eu"** ou **"Todo mundo faz"** ou **"Eles também fizeram"** ou **"Se político faz, eu também posso fazer"** ou **"Não falei nada, não adianta mesmo"** ou **"Eu sei, mas mesmo assim"** ou **"Eu só bebi um copo apenas"** ou **"Tive que dar um jeitinho"** ou **"Só avancei porque não vinha ninguém"** ou **"Não vou pagar aqueles impostos pois não vou dar dinheiro para esse Governo"** ou **"Pelo menos eles não estão roubando"**.

Engraçado, não? Mas existe uma infinidade de outras. Essas expressões podem ser inofensivas, mas também podem deixar significativos danos à sociedade. O fato é que elas representam exatamente a expressão dessa corrupção, que chamamos de transgressões, que pretendemos estudar e que é vista e praticada pelo corpo social de forma generalizada.

Essa é a questão que tomamos como ponto de partida. O Homem Comum brasileiro as utiliza e, portanto, pratica de forma corriqueira e deliberada, e é o que vamos testar. Para comprovar essa recorrência, faremos uma pesquisa de campo, qualitativa, a ser detalhada e apresentada no terceiro capítulo.

Em última análise, nosso desafio aqui é reunir as informações adequadas para responder perguntas tais como: Como a sociedade brasileira atingiu efetivamente esse estágio diferenciado? Sempre fomos assim? Houve alguma alteração significativa na cultura social que tenha feito surgir esse comportamento? Isso é fruto da contemporaneidade?

Para responder essas questões formuladas, será necessário um passeio pela história da formação social do país. É bem verdade que temos uma extensa formação de mais 500 anos e, portanto, inviável de retratá-la na totalidade. Mas podemos fazer alguns recortes que possam nos fornecer um quadro representativo.

De posse de estudos pretéritos da Ciência Política, permito-me propor a escolha desses recortes. Assim, proponho três momentos da história brasileira que, acredito, estejam na base da formação social do Brasil e, por conseguinte, do Homem Comum brasileiro. Os três momentos são: (i) o Brasil Colônia; (ii) a Monarquia e (iii) a Era Vargas (1930 — 1945).

Vamos, então, apresentar os principais eventos históricos de cada um desses três momentos do Brasil, sempre tendo como foco o malfeito. Portanto, não serão apenas relatos históricos simplesmente. É muito importante frisar que esses fatos terão foco na formação do Homem Comum, sob o signo do malfeito.

A partir dessa genealogia, vamos apresentar a visão do Brasil de hoje — o Brasil contemporâneo — também segundo relatos na visão do malfeito. Com isso, acreditamos ter à disposição os elementos necessários para caracterizarmos a evolução social brasileira. Construído esse arcabouço, vamos trazer a teoria da psicanálise para que, a partir da análise, tenhamos respostas aos objetos centrais e secundários que faremos.

Assim, propomos a formulação do objeto central da pesquisa bem como os respectivos objetivos secundários.

Vamos começar pelos três objetivos secundários que pretendemos responder, a saber:

A corrupção brasileira é uma prática atual ou sempre frequentou os costumes do Homem Comum brasileiro?

A corrupção deixou de ser uma prática das elites do poder para ser prática comum?

O Poder Público, materializado no Estado, não se constituiu numa referência ao sujeito no Brasil ao longo da história, e ainda não se constitui nos dias de hoje?

Esses objetivos secundários estão ancorados numa tese central que postulamos da seguinte forma:

O Homem Comum brasileiro, do contemporâneo, passou a atuar num comportamento típico que caracteriza a Perversão Social, o que o levou à banalização de atitudes corruptas.

Em outras palavras, o desafio dessa tese é conjugar a banalização das atitudes de corrupção ao comportamento típico da perversão social e ver a efetiva ligação entre essas duas instituições — a corrupção e a perversão social — quanto à ocorrência, à recorrência, e à relação de causa e efeitos de uma sobre a outra.

Contudo, introduzimos aqui o conceito de Perversão Social, que é algo relativamente novo e ainda não muito difundido no estudo da psicanálise. O conceito de Perversão Social remete ao coletivo, partindo do comportamento do indivíduo/sujeito e é uma evolução ou, porque não dizer, uma extrapolação do conceito freudiano de Perversão Estrutural. Portanto, para começarmos a construir esse marco teórico, vamos primeiramente chegar ao conceito freudiano, sua origem e aplicação, para na sequência seguirmos na evolução proposta.

A título de ilustração, Perversão é uma palavra antiga, vem do Latim *Pervertere*, "levar ao caminho errado, corromper", de PER, "totalmente", e VERTERE, "virar". Seria algo como virar totalmente. Contudo, o conceito perpassa um longo período temporal, até chegar aos dias de hoje, dotado de grande complexidade e carregado de conteúdo.

Antes da teoria psicanalítica de Freud, tal conceito já era empregado, mas de modo pejorativo, como uma doença ou uma desordem orgânica e anormal. Estava associado à sexualidade, que anterior ao século XIX, tinha "objetivos/conotação" apenas de reprodução. Estamos falando da cultura ocidental, imersa na tradição do cristianismo, reinante desde a idade média. Portanto, toda e qualquer manifestação sexual que não visasse à reprodução da espécie era acompanhada de uma reprovação social. A medicina, por exemplo, nesses tempos mais remotos, tratava a perversão como uma forma de degeneração do sistema nervoso.

Dentro desse contexto de disfunção da prática sexual, não poderíamos deixar de registrar o emblemático termo Sadismo, forjado a partir do nome do escritor francês Donatien Alphonse François, o Marquês de Sade (1740-1814), para designar uma perversão sexual caracterizada por pancada, flagelações, humilhações físicas e morais, baseada num modo de satisfação ligado ao sofrimento imposto ao outro, no ato sexual. Portanto, essa era a contextualização até final do século XIX, quando Freud finalmente inicia seus estudos.

A partir de 1905, Freud publica os *Três ensaios sobre a teoria da sexualidade* (1905), momento em que a perversão adquire um significado distinto daquilo que se tinha até então. Freud inova totalmente essa conceituação, trazendo a criança enquanto sujeito sexual, e a classifica como portadora de uma sexualidade perverso-polimorfa, que pode ter várias finalidades para atingir seu objetivo, obtenção de prazer, e que segundo ele, pode permanecer no adulto. No Capítulo 3 detalharemos o conceito de "Perversão" em Freud, mas podemos antecipar que a perversão freudiana se baseia em dois polos distintos: de um lado a angústia da castração, e do outro, na mobilização de processos defensivos destinados a contorná-la, ficando assim sustentada na denegação da realidade. E é essa denegação da realidade que levaremos para a coletividade da sociedade, onde formaremos a base da Perversão Social.

Assim, como dissemos, o conceito de "Perversão Social" é uma evolução do conceito da perversão estrutural freudiana e tem com elemento básico a denegação de algo, que no caso da perversão social, reside na denegação do tecido legal, tendo qualquer outra base como mero substituto. Essa denegação é voluntária e consciente, pois o indivíduo tem o conhecimento da sua existência, mas utiliza de artifícios que, na perversão estrutural foi chamado de fetiche, para contornar o aparato legal. Portanto, esse desvio que caracteriza o movimento da perversão será à base do conceito da Perversão Social que utilizaremos como marco da teoria que vamos sustentar.

Apenas para enriquecermos essa primeira contextualização de perversão, vamos trazer o pensamento da historiadora e psicanalista francesa Élisabeth Roudinesco, que em seu livro *A parte obscura de nós mesmos* (2008) pontua que a perversão passou a ser um fenômeno sexual, político, social, físico, trans-histórico, estrutural e está presente em todas as sociedades humanas. Cabe ressaltar que essa autora também se utiliza do conceito de perversão no âmbito social.

De posse dessas definições inicialmente apontadas, passemos, portanto, a uma breve descrição de como essa pesquisa está estruturada, a saber:

O primeiro capítulo, intitulado CONTEXTUALIZAÇÃO DA CORRUPÇÃO PARA A PESQUISA, terá dois itens: 1. o que é corrupção para a pesquisa e 2. a contribuição do conceito freudiano no "O Mal-Estar na Civilização. Neste primeiro item vamos aprofundar o relatado acima, sobre nossa definição de corrupção. Como já dissemos, transgressão foi outro nome que utilizamos para caracterizar (atenuar) o mesmo ato e, portanto, se confunde com o contexto da corrupção. Vamos reforçar a utilização das expressões populares que escolhemos como indicativo de uma clara transgressão cultural e que nos deixam uma importante mensagem, que é a banalização. Parece que estamos dizendo algo óbvio. Só que esse óbvio é de certa forma ilegal ou, no mínimo, imoral. Reiteramos que toda transgressão tem a mesma periculosidade ou "letalidade" social, pois o que importa é o senso comum da transgressão e, em última análise, sua mecânica. Ao longo do item vamos ainda fazer uma genealogia do termo e ver como tratávamos esse conceito no passado. Vamos a Platão e sua curiosa fábula de Giges, onde mostraremos que a transgressão não é uma invenção moderna. Frequenta a história do homem desde sempre.

Já no segundo item deste capítulo vamos trazer o texto de Freud: "O Mal-Estar na Civilização". A utilização desse texto no contexto da pesquisa é um desafio, quase uma provocação. Isso porque Freud não fala em corrupção no "O Mal-Estar da Civilização". Esse texto versa sobre basicamente a relação do princípio de prazer e do princípio de realidade mostrando a luta do homem, de como viver em sociedade. Contudo, vamos estabelecer um diálogo entre Freud e dois filósofos que trabalharam especificamente o Mal-Estar: Herbert Marcuse (1898-1979) e Zygmunt Bauman (1925-2017). Esses dois filósofos publicaram obras sobre o Mal-Estar bem posteriores a 1930, quando Freud a publicou, obviamente com importantes críticas, mas introduzindo novos conceitos como, por exemplo, o mercado, o meio cultural, a economia etc. Como o processo de corrupção e da própria Perversão Social, envolvem subjetivação, pretendemos, por extrapolação, utilizar o conjunto do Mal-Estar de Freud, agregado às considerações que os filósofos escolhidos nos trouxeram, para alcançar as atitudes corruptas do Homem Comum de hoje.

O segundo capítulo será A FORMAÇÃO DA SOCIEDADE BRASILEIRA SOB O OLHAR GENEALÓGICO e terá dois itens: 1. três importantes momentos da formação da sociedade brasileira e suas heranças na corrupção e 2. o Brasil contemporâneo. O primeiro item terá três subitens: (i) o Brasil colônia; (ii) a Monarquia e (iii) a Era Vargas. Nesse capítulo vamos apresentar os fatos históricos sob o olhar do malfeito, em cada um dos momentos selecionados. Já na descrição do texto, vamos encontrar uma recorrência dos fatos, mesmo em épocas bastante distintas, onde notaremos que a história brasileira nos revela um padrão de comportamento bem claro. Um fato importante que destacamos aqui é que iniciamos a histórica brasileira, em seu período colonial, mostrando a influência que os primeiros colonizadores trouxeram de outros processos de colonização do império português. A importância desse detalhe é que ele nos revela o tipo de cultura que aporta nas terras brasileiras, que em última análise será a base da formação da sociedade, a partir daquele momento. Neste Capítulo, então, vamos reunir os fatos que formam a sociedade brasileira, cobrindo um período de praticamente quatrocentos anos, o que é muito significativo diante de toda a história da nação. Com isso, imaginamos reunir toda uma base de dados para empregarmos os instrumentos da psicanálise e propiciar assim a devida análise do Homem Comum.

No terceiro capítulo, A CORRUPÇÃO BRASILEIRA NA VISÃO PSICANALÍTICA teremos a construção do marco teórico principal que é a Perversão Social, que será aplicado na base de dados do capítulo anterior. Esse capítulo, mais denso, será dividido em duas partes: 3.1. O sujeito, os laços sociais e a perversão social, e 3.2. Quem é o Homem Comum contemporâneo e que modelo de corrupção ele vê no Brasil? Na primeira parte vamos analisar todos os aspectos do sujeito do Homem Comum na psicanálise. Nessa parte teremos subitens: O sujeito e o processo de subjetivação, Os novos laços sociais e A perversão social. Na segunda parte iremos ver quem é esse Homem Comum, trazendo uma pesquisa de campo, que nos trará curiosos resultados. Os respectivos subitens são: Quem é o Homem Comum brasileiro e, O Modelo de corrupção que o Homem Comum vê no Brasil de hoje.

Mas voltando ao marco teórico central, perversão social, que iremos propor, tem a sua origem na mutação dos laços sociais, que propicia um novo processo de subjetivação do sujeito. Esse modelo é sustentado por um conhecido psicanalista belga da atualidade, chamado Jean-Pierre Lebrun. Como passaremos por laços sociais e subjetivação, dedicaremos itens e subitens onde detalharemos cada uma das questões. A partir dessas definições básicas, passaremos ao item onde construiremos a perversão social. Com isso concluiremos o marco teórico da Perversão Social. No item seguinte, intitulado A Corrupção Brasileira na Visão Psicanalítica, será quando efetivamente poderemos testar se o marco teórico é aplicável ao objeto principal da pesquisa e seus respectivos objetivos secundários. Neste item, apresentaremos os resultados da pesquisa qualitativa visando robustecer o marco da Perversão Social, seu processo de subjetivação, bem como a percepção das referências tais como Estado e as instituições públicas.

Vamos ver que esse Homem Comum tem a consciência dos malfeitos, sente a referência do peso do Estado e tenta sobreviver com sua cultura, aplicando seus costumes e hábitos. Mas tudo indica que esse Homem — parte de uma multidão de minorias — assume um comportamento tipicamente perverso, que fará da sociedade que vive, uma sociedade tida como uma Perversão Social. É exatamente esse mecanismo que torna o Homem Comum, um corrupto contumaz que investigaremos a partir de agora.

Na Conclusão, responderemos aos objetivos primário e secundário, postulando um retrato da sociedade brasileira e a mecânica do Homem Comum em suas práticas de transgressão. A pesquisa qualitativa realizada acrescentou um interessante conhecimento do Homem Comum e seu entendimento do processo de transgressão que, aliado a uma coleção de fatos históricos da formação da sociedade brasileira, desde a colonização até o contemporâneo, nos propiciaram poder fazer uma seção de análise com um personagem imaginário, chamado Homem Comum brasileiro. Isso mesmo! Para finalizar esse denso assunto, chamado corrupção do Homem Comum brasileiro, construímos um personagem fictício e o submetemos a uma, também, seção fictícia de análise, onde ele próprio responderá o objetivo central da tese e seus objetivos secundários. Para que não fiquemos apenas no campo da denúncia, finalizaremos com um pequeno elenco de proposição que visem mitigar a subjetivação do Homem Comum no processo da corrupção. Obviamente, tais proposições são apenas um pontapé nas discussões que esse trabalho pretende iniciar, a partir da sua conclusão.

Assim, convido o nobre leitor a uma viagem pela história do Brasil.

Quando nos deparamos com algo
impossível só há um caminho: fazê-lo.
O impossível deve ser feito,
não é para ser prometido.
Jacques Lacan

1. CONTEXTUALIZAÇÃO DA CORRUPÇÃO NA PESQUISA

1.1. O QUE É CORRUPÇÃO PARA A PESQUISA

Nos últimos anos no Brasil, sobretudo após o movimento popular com as surpreendentes passeatas de 2013 e com a operação lava jato em 2014, a palavra corrupção passou a frequentar definitivamente todos os noticiários do país, tornando-se, portanto, assunto obrigatório nas conversas informais e no cenário político desde então. Estamos falando da corrupção do poder público. Dos políticos especificamente. É como se tivéssemos descoberto o ato da corrupção após 500 anos de história e como se nunca tivesse figurado no poder público. A corrupção se tornou o inimigo público da nação e o culpado por todas as mazelas da sociedade, sendo responsável por todo o fracasso econômico social da atualidade. Essa constatação é bem notória e podemos obtê-la sem maiores sofisticações analíticas.

Mas a questão de partida que se coloca nessa pesquisa, que norteará toda a base do estudo é: mas o que é corrupção? Ainda que já tenhamos abordado de forma preliminar na Introdução, vamos aprofundar agora o que entendemos por corrupção.

Para iniciarmos essa longa e árdua resposta, vamos pontuar diversas situações do nosso cotidiano que, certamente, cada um de nós já se deparou, para não dizer "já se utilizou".

Responda nobre leitor — com toda sinceridade — você já se utilizou, pelo menos uma vez, de uma das seguintes expressões? **"Fiz apenas uma vez, mas não faço mais"** ou **"Não acatei, pois aquela lei é um absurdo"** ou **"Agora é a minha vez também"** ou **"Não devolvi, não foi erro meu"** ou **"Ah, eles tem mais dinheiro do que eu"** ou **"Todo mundo faz"** ou **"Eles também fizeram"** ou **"Se político faz eu também posso fazer"** ou **"Não falei nada, não adianta mesmo"** ou **"Eu sei, mas mesmo assim"** ou **"Eu só bebi um copo apenas"** ou **"Tive que dar um jeitinho"** ou **"Só avancei porque não vinha ninguém"** ou **"Não vou pagar aqueles impostos, pois não vou dar dinheiro para esse Governo"** ou **"Pelo menos eles não estão roubando"**...

Se você, leitor, lendo estas curiosas parábolas, tenha dado um secreto e denunciador sorriso, não se penitencie, pois essa pesquisa lhe perdoará.

Mas voltemos à nossa árdua missão de definir corrupção. Como analisaremos o indivíduo da sociedade brasileira na contemporaneidade, não trataremos aqui da corrupção institucional do poder público, como já dissemos. Nem tão pouco dos seus membros e autoridades.

Para nós, a corrupção será todo e qualquer desvio daquilo que sabidamente é contrário ao código estabelecido como justo ou reto — Leis (no sentido jurídico) e regras. Na Introdução, chegamos a equiparar a corrupção a um ato de transgressão. Mas, como dissemos, ambos os termos se confundem em nossa proposição.

Continuando no mesmo contexto, esse desvio deve ser absolutamente voluntário e consciente. Estamos interessados em pesquisar, portanto, a corrupção como **Fenômeno Social**. Isso significa dizer que não se trata apenas de um estudo de manifestações individuais. Queremos analisar esse comportamento, que adentra a banalidade e é adotado, recorrentemente, pelos cidadãos de forma voluntária. Vamos investigar a lógica desse Fenômeno, **o seu lado inconsciente**, à luz da teoria da psicanálise, tendo a sociedade brasileira contemporânea como foco.

A corrupção como Fenômeno Social tem sido estudada de forma exaustiva no Brasil, sobretudo na última década. Contudo, tais pesquisas se concentram majoritariamente nos campos da Sociologia, Antropologia e da Ciência Política. Muito pouco tem sido aprofundado à guisa da teoria da psicanálise. Neste aspecto, tomo a liberdade de tecer uma comparação que há muito me impacta sobre a evolução da psicanálise em si. Trata-se, portanto, de uma opinião do autor:

> *A sociologia e a psicanálise são matérias contemporâneas (aqui por intenção própria não utilizamos a palavra ciência para não suscitarmos uma inoportuna discussão adicional sobre o tema). Ambas são produtos tardios do final do século XIX. Ao longo do século XX a sociologia ganhou uma projeção muito maior que a psicanálise, por sua disposição à interdisciplinaridade. A sociologia saiu para dialogar com todas as disciplinas, enquanto a psicanálise relutou a ver os fenômenos com um olhar social, deixando de interagir com as ciências sociais como fez a sociologia, ainda que seu fundador Freud tenha dedicado vasto material à análise da psicologia social. Contudo, essa abertura da psicanálise tem sido vista nos últimos anos no Brasil, o que entusiasma esse autor, que reconhece nas ferramentas disponíveis na psicanálise, oportunidades singulares para o entendimento de fenômenos sociais, contribuindo assim não só na melhoria do convívio individual do cidadão, mas acima de tudo, postulando-se para figurar na mesa das decisões das políticas públicas das autoridades governamentais.*

Nesse sentido, essa pesquisa tem a pretensão, acima de qualquer conclusão, de contribuir para a interdisciplinaridade da psicanálise no trato da análise das questões sociais — na forma de fenômenos sociais propriamente ditos — contribuindo com um olhar específico desta pasta, no diálogo proposto.

Nada melhor do que a Corrupção do Contemporâneo no Brasil como tema central para essa provocação. Ainda no campo da provocação, este autor já deixa aqui, antecipadamente, uma convocação para que psicanalistas de todo o país se debrucem sobre esse interessante tema, e passem a produzir material acadêmico que certamente contribuirá em muito para a discussão coletiva, tão necessária e oportuna no Brasil de hoje.

E para iniciarmos a seção propriamente dita, enaltecendo os bons textos existentes sobre o tema, vamos saborear um deles, escrito por uma psicanalista chamada Marion Minerbo, membro da Sociedade Brasileira de Psicanálise de São Paulo, que publicou o artigo o *A Lógica da Corrupção: um olhar psicanalítico* (2007).

Minerbo inicia seu texto postando sua definição do que vem a ser "um olhar psicanalítico". Segundo ela, a psicanálise opera desconstruindo realidades, psíquicas ou sociais, recriando-as diversas, ampliando possibilidades. Para ela, não há julgamento ou valoração. Mas há subversão dos usos rotineiros de um termo, de um conceito, de uma ideia até então consensual, naturalizada até então como ideologia. O leitor há de convir que somente o tema "um olhar psicanalítico" já seria suficiente para uma pesquisa completa por si só. A subjetividade do olhar psicanalítico já nos oferece todas as condições para discussões intermináveis sobre o tema, o que não é o nosso objetivo. Portanto, vamos aqui simplificar a questão, propondo como axioma a definição de Minerbo.

Segundo a autora, qualquer sistema simbólico, por ser uma virtualidade, necessita de suportes concretos e ocasiões concretas para existir. A cada vez que um juiz julga de acordo com os códigos da Justiça — mesmo que sua sentença seja injusta — e que sua sentença é acatada e cumprida, a ideia de Justiça tem continuidade. O aprofundamento dessa prática, no cotidiano, consolida e fortalece o conceito de justiça, lastro necessário da constituição dos aspectos essenciais da nossa subjetividade. A atitude contrária indica a quebra deste símbolo o que desencadeará uma sequência de novos movimentos. Portanto, podemos depreender que tudo se sustenta numa cadeia de símbolos que deve ser mantida em consonância com os códigos existentes.

A autora prossegue nos ilustrando que, quando o representante emblemático de uma instituição, nesse caso ela ilustra o exemplo de um juiz, ou uma madre superiora, ou um educador, um médico ou até mesmo um pai, sustenta uma lógica pública e outra privada, simultaneamente, as duas se corrompem. Essa incoerência na sustentação da cadeia de valor é rompida, dando início ao movimento do estabelecimento de outra cadeia de valor, agora com valores corrompidos, diante dos valores originais. Ela prossegue dizendo que, em consequência, o vínculo até então naturalizado entre o significante "juiz" e o significante "justiça" se enfraquece até a sua dissolução e, por conseguinte, se desnaturaliza. Ela atesta, portanto, a morte da instituição. O mecanismo mais perverso da quebra dessa cadeia é o efeito em cadeia que temos na sequência. Esse dano cultural, se não identificado e contido, cria novos patamares na cultura social, incorporando a nova paisagem, sem que se tenha a real dimensão de suas consequências. A autora nos diz que há um esvaziamento semântico. Segundo ela, as palavras perdem seus respectivos lastros. É o dano da mensagem pelo veículo da linguagem. Ela usa um curioso exemplo: a toga e a beca tornam-se "fantasias de carnaval". Ainda de acordo com a construção da autora, essas palavras já não são mais significantes operantes.

Para a autora, um significante é operante quanto tem o poder de produzir subjetividades. Ela prossegue dizendo que as subjetividades — aí constituídos o modo de ser, pensar, agir e sentir das pessoas — já não serão determinadas pelas significações ligadas a esse sistema simbólico. Tudo isso desencadeia novos movimentos, novos significantes. Seria como se estivéssemos reescrevendo uma nova linguagem. Essa é a mensagem que achei interessante extrair desse texto e que, certamente, contribui para a formação do conceito geral da pesquisa. De posse dessa contextualização, vamos fazer uma breve viagem histórica da corrupção.

1.1.1. Uma pequena abordagem histórica da corrupção

Sabemos que a Corrupção tem valores históricos e, portanto, requer análises dentro das circunstâncias dos códigos da época e da cultura local. Entretanto, a corrupção como um sentimento de desvio pode ser retratada sem que pretendamos compará-la em seu ato em si, como épocas distintas. Em outras palavras, devemos resguardar as devidas características de cada época no processo comparativo. Dentro desta linha, cabe apontarmos que já há registros históricos de corrupção em documentos que retratam o Império Egípcio.

Um conhecido exemplo deste fato pode ser encontrado no Papiro Harris I, um manuscrito do Antigo Egito, com mais de três mil anos, escrito em papiro, encontrado em uma tumba em 1855 por Anthony Charles Harris (1790-1869) — um colecionador e antiquário inglês de artigos egípcios, que relata o princípio do reinado do faraó Ramsés IV (1151-1145 a.C.). Nos escritos, é apresentado um processo de corrupção endêmica no Egito daquela época. Harris iria encontrar outros papiros que levariam seu nome. De forma geral há relatos de abuso de autoridade, tráfico de objetos sagrados, maus tratos, atos libidinosos e, pasmem, até atos de homossexualidade.

O grande filósofo Sócrates (470 a.C a 399 a.C), em sua trajetória de vida foi acusado de corromper a juventude de Atenas e de introduzir falsos Deuses na cultura da época. Por este fato, foi condenado à morte pela ingestão de cicuta. Sócrates usa sua morte como lição aos seus seguidores, como, por exemplo, ao amigo Críton, que tenta persuadi-lo a fugir da prisão, dizendo, inclusive, que ele e seus amigos providenciariam meios para o suborno dos guardas. Ainda que Sócrates considerasse injusta e infundada sua prisão e condenação, afirma preferir sofrer uma injustiça a cometer algo injusto. Para ele, seria necessário sempre respeitar as leis. Esse exemplo nos revela o quanto o tema já figurava no trato social e, sobretudo, o quanto ele resiste ao tempo, e necessita mais do que nunca ser revisitado em prol de uma sociedade mais igualitária.

Contudo, dos textos clássicos que dispomos sobre a matéria, um em especial, acredito ser de importância singular na formação do marco teórico que pretendemos. Estamos falando do filósofo Platão (429 a.C 348 a.C). Em sua obra *A República* (2012), Platão nos conta uma fábula que me permito transcrever, como segue:

> *[...]e o poder a que me refiro seria mais ou menos como o seguinte: terem a faculdade de que se diz ter sido concedida ao antepassado do Lídio [Giges][3]. Era ele um pastor que servia em casa do que era então soberano da Lídia. Devido a uma grande tempestade e tremor de terra, rasgou-se o solo e abriu-se uma fenda no local onde ele apascentava o rebanho. Admirado ao ver tal coisa, desceu por lá e contemplou, entre outras maravilhas que para aí fantasiam, um cavalo de bronze, oco, com umas aberturas, espreitando através das quais viu lá dentro um cadáver, apa-*

rentemente maior do que um homem, e que não tinha mais nada senão um anel de ouro na mão. Arrancou-lhe e saiu. Ora, como os pastores se tivessem reunido, da maneira habitual, a fim de comunicarem ao rei, todos os meses, o que dizia respeito aos rebanhos, Giges foi lá também, com o seu anel. Estando ele, pois, sentado no meio dos outros, deu por acaso uma volta ao engaste do anel para dentro, em direção à parte interna da mão, e, ao fazer isso, tornou-se invisível para os que estavam ao lado dos quais falavam dele como se Admirado, passou de novo a mão pelo anel e virou para fora o engaste. Assim que o fez, tornou-se visível. Tendo observado estes factos, experimentou, a ver se o anel tinha aquele poder, e verificou que, se voltasse o engaste para dentro, se tornava invisível; se o voltasse para fora, ficava visível. Assim senhor de si, logo fez com que fosse um dos delegados que iam junto do rei. Uma vez lá chegado, seduziu a mulher do soberano, e com o auxílio dela, atacou-o e matou-o, e assim se assenhoreou do poder. Se, portanto, houvesse dois anéis como este, e o homem justo pusesse um; e o injusto outro, não haveria ninguém, ao que parece, tão inabalável que permanecesse no caminho da justiça, e que fosse capaz de se abster dos bens alheios e de não lhes tocar, sendo-lhe dado tirar à vontade o que quisesse do mercado, entrar nas casas e unir-se a quem lhe apetecesse, matar ou libertar das algemas a quem lhe aprouvesse, e fazer tudo o mais entre os homens, como fosse igual aos deuses. Comportando-se desta maneira, os seus atos em nada diferiam *dos do outro, mas ambos levariam o mesmo caminho. E disto se poderá afirmar que é uma grande prova de que ninguém é justo por sua vontade, mas, constrangido, por entender que a justiça não é um bem para si, individualmente, uma vez que quando cada um julga que lhe é, cometer injustiças, comete-as. Efetivamente, todos os homens acreditam que lhes é muito mais vantajosa, individualmente, a injustiça do que a justiça. E pensam a verdade, como dirá o defensor desta argumentação. Uma vez que, se alguém que se assenhoreasse de tal poder não quisesse jamais cometer injustiças, nem apropriar-se dos bens alheios, pareceria aos que disso soubessem muito desgraçado e insensato. Contudo, haviam de elogiá-lo em presença uns dos outros, enganando-se reciprocamente, com receio de serem vítimas de alguma injustiça. Assim são, pois, estes factos* (PLATÃO, 2012, p. 58).

O que é mais incrível neste conto é que foi escrito há dois mil e quinhentos anos. Platão nos conta que há algo mais forte que o senso de justiça que cada um possa ter. Ainda que ele não explicite de forma clara, estamos falando da força do poder que cada indivíduo tem em si e, que se não devidamente condicionado, o leva ao estado de não convivência. Eu destaco em negrito uma frase que caracteriza a questão: "[...] **todos os homens acreditam que lhes é muito mais vantajosa, individualmente, a injustiça do que a justiça**". É inacreditável que dois mil e quinhentos anos após ser escrito, mesmo com todos os avanços tecnológicos, econômicos e sociais que a história nos conta desde então, esta frase ainda esteja, absolutamente atual, sobretudo no Brasil de hoje.

Diante de tudo o que vimos na degradada sociedade brasileira, com a proliferação de casos de corrupção que alcançaram o poder público de forma endêmica, podemos dizer que os homens de hoje, acreditam que lhes são muito mais vantajosos os resultados obtidos com a injustiça do que os da justiça. Aqui acrescento uma questão facilmente observada na sociedade de hoje: esta constatação claramente independe das condições socioeconômicas dos cidadãos. Eu até arriscaria dizer que o postulado de Platão é observado com muita intensidade dentro das castas mais abastadas, onde o grau de conhecimento deveria levá-los a outra direção.

Mas voltemos a Platão. Nessa linha, ele postula:

Dizem que uma injustiça é por natureza um bem, e sofrê-la, um mal, mas que ser vítima de injustiça é um mal maior do que o bem que há em cometê-la. De maneira que, quando as pessoas praticam ou sofrem injustiças umas das outras, e provam de ambas, lhes parece vantajoso, quando não podem evitar uma coisa ou alcançar a outra, chegar a um acordo mútuo, para não cometerem injustiças nem serem vítimas delas. Daí se originou o estabelecimento de leis e convenções entre elas e a designação de legal e justa para as prescrições da lei. Tal seria a gênese e essência da justiça, que se situa a meio caminho entre o maior bem — não pagar a pena das injustiças — e o maior mal — ser incapaz de se vingar de uma injustiça. Estando a justiça colocada entre estes dois extremos, deve, não preitear-se como um bem, mas honrar-se devida à impossibilidade de praticar a injustiça (PLATÃO,2012, p. 55).

É importante termos em mente que esses textos resistiram ao tempo, passaram por todas as críticas possíveis das ciências e parecem ter saído das cabeças contemporâneas dos pensadores que analisam o tema. O sentimento de justiça versus injustiça frequenta o homem desde sempre. Platão não diz que a partir daí nascem as leis que nos permitem o convívio em sociedade. Portanto, segui-las é muito mais do que ter o sentimento de justiça ou injustiça. É muito mais do que o bem e do que o mal. Tornou-se uma questão de sobrevivência do estrato social. A lei está no centro de tudo aquilo que venhamos a fazer. É o que há de mais democrático, independentemente do regime a que se está submetido. Vale para todos. É de conhecimento de todos.

Contudo, a condição básica da questão é: todos devem reconhecer as leis da mesma forma. Subjugá-la é simplesmente não tê-la. É exatamente sobre esse aspecto que iremos transitar ao longo da pesquisa, analisando o processo de reconhecimento das leis, assim como o processo de reconhecimento das autoridades às quais elas as guardam e se aplicam. Essa é a questão central na construção da cadeia de símbolos que Minerbo se refere no texto acima.

Corrupção, portanto, seria a transgressão consciente daquilo que é sabido, seja por figurar nos códigos jurídicos da nação, seja por figurar nos códigos culturais da sociedade.

Mesmo entendendo que a corrupção faz parte da história da humanidade desde sempre, o que nos interessa, aqui, é investigar o porquê de a transgressão ter se tornado uma banalidade na sociedade brasileira, atingindo o Homem Comum.

No próximo item, vamos analisar o texto freudiano intitulado "O Mal-Estar na Civilização", escrito em 1930. Como já dissemos na Introdução, nessa análise vamos promover um dialogar de Freud com dois importantes filósofos do mundo contemporâneo, que trabalharam especificamente esse texto do "O Mal-Estar". Sabemos que no "O Mal-Estar", Freud não fala em corrupção. Essa abordagem é puramente um desafio nosso. Vamos ver que o convívio social em Freud é o equilíbrio entre a satisfação dos prazeres individuais e as regras necessárias ao convívio gregário. O que vimos como evolução é o homem extrapolando seus limites de realidade em prol da satisfação de seus prazeres. Isso, para a pesquisa, é a base do processo de transgressão ou de corrupção. Por isso trouxemos esse texto como essa evolução desafiadora para a construção do marco teórico.

> *Desse modo, o ser individual se encontra não apenas sob o influxo do seu meio cultural presente, mas está sujeito também à influência da história cultural de seus antepassados.*
>
> Sigmund Freud

1.2. A CONTRIBUIÇÃO DO CONCEITO FREUDIANO DO "O MAL-ESTAR NA CIVILIZAÇÃO"

O ano de 2020 (ano da pandemia), quando escrevo esse trabalho, será lembrado como um dos anos mais incertos, dos incertos anos que vivemos no contemporâneo. A incerteza cresce a cada dia. Parece que apostar num futuro passou a ser coisa do passado. A vida social, a vida política, a vida econômica que nos cerca, adquire contornos imprevisíveis, com mudanças significativas e tudo ocorrendo num curto espaço de tempo. Essa é a civilização contemporânea no estágio do desenvolvimento cultural que nos encontramos.

A história do homem é longa, com exemplos de grandes civilizações. As mais antigas influenciando as posteriores com legados de crenças, convicções e histórias que se acumulam ao longo do tempo. É o homem se adaptando à evolução e às incertezas da vida criadas pelo próprio homem. A história nos conta que a vida psíquica do indivíduo já experimentou momentos bem mais tranquilos daquele que se vive hoje, sobretudo em meio à maior pandemia do mundo contemporâneo.

O século XX, sobretudo a partir da experiência de duas grandes guerras mundiais, inéditas pela proporção global, ganhou contornos de profundas mudanças socioeconômicas. A tecnologia evoluiu de forma exponencial, como nunca tinha sido visto. Mas por mais que a vida tenha evoluído, o homem não foi capaz de eliminar o Mal-Estar que lhe persegue. O ser gregário que a tudo resiste, que pensa, anda, fala, só vê aumentar esse "Mal-Estar na civilização". Um preço caro para quem detém tanta capacidade em matéria de evolução. Reiteramos que Freud não usa "O Mal-Estar" para falar de corrupção, nem sequer insinuá-la. Essa é uma construção arriscada desse autor, pois vê nos conceitos apresentados por Freud, acrescido do diálogo com os filósofos que apontamos, o elemento básico na montagem do conceito corrupção do Homem Comum contemporâneo. Senão vejamos:

Na obra de 1930, Freud discorre sobre a dificuldade do homem em conciliar seus instintos básicos com as demandas da civilização. Freud nos fala do princípio de realidade, que se ultrapassado indevidamente, alcança com certa facilidade o conceito da transgressão, fato que vem recrudescendo com o avanço da contemporaneidade e, de certa forma, torna-se um catalisador de todo o processo de transgressão, no que se refere à quebra da cadeia de símbolos referida por Minerbo.

Assim, vamos iniciar trazendo um recorte do texto de Freud quanto à busca da felicidade do homem moderno. Essa felicidade que passou a ser um importante símbolo que domina a cena mais comum do cotidiano e que, por ela, todos são capazes de tudo, inclusive uma transgressão. Senão vejamos:

> *Como se vê, é simplesmente o programa de princípio do prazer que estabelece a finalidade da vida. Este princípio domina o desempenho do aparelho psíquico desde o começo; não há dúvidas quanto a sua adequação, mas seu programa está em desacordo com o mundo inteiro, tanto o macrocosmo, como o microcosmo. É absolutamente inexequível, todo o arranjo do Universo o contraria; podemos dizer que a intenção de que o homem seja "feliz" não se acha no plano da "Criação"* (FREUD, 2013, p. 20)

O autor postula que aquilo que chamamos de "felicidade", no sentido mais estrito, vem da satisfação repentina de necessidades altamente represadas, e por sua natureza é possível apenas como fenômeno episódico (Freud, 2013, P. 20). Nessa linha, vamos discorrer sobre dois conceitos fundamentais de Freud, que serão a base da nossa discussão: o princípio de prazer e o princípio de realidade: ambos designam os princípios que regem o funcionamento do aparelho psíquico.

O Princípio do Prazer é atuante dos processos inconscientes e busca proporcionar a satisfação do prazer evitando, sobretudo, o sentimento do desprazer. Já o Princípio de Realidade leva em conta as condições do mundo externo que, a partir daí, regula a satisfação dos prazeres possíveis, recalcando os que forem necessários. É a proteção do indivíduo e, em última análise, a condição que o faz viver em grupo. Já podemos imaginar o conflito atual entre esses dois princípios quando imaginamos a quebra da cadeia de símbolos, base do processo de corrupção dentro da cultura na sociedade.

Assim, para Freud, a história do homem é a história de sua repressão porque, para viver em civilização, o homem tem que desviar seus instintos fundamentais, inibindo seus anseios da condição de satisfação total de suas necessidades. A satisfação imediata dá lugar à satisfação adiada, o prazer dá lugar à restrição do prazer, e a ausência de repressão dá lugar à segurança. Essa é a grande razão para a troca fundamental. O homem troca a liberdade do prazer total pela segurança da vida em grupo. Para Freud, o inconsciente, governado pelo Princípio de Prazer, onde residem os processos primários de satisfação entram em conflito com o meio social. O indivíduo constata que a satisfação plena das suas necessidades originais é impossível.

Como podemos depreender, esse comportamento pode ser o grande catalisador do processo de corrupção a que nos referimos. Sem dúvida é um dos importantes ingredientes de todo esse ambiente. O homem contemporâneo, mais individual, vem ultrapassando os limites dos princípios de realidade em prol dos seus prazeres individuais, o que vem sendo possível pelas transgressões sucessivas e banais que vemos hoje. Essa é uma construção que proponho como a contribuição, básica, do "Mal-Estar" ao tema proposto.

O autor complementa ainda que o homem tem como fontes adicionais de sofrimento o poder da natureza e seus aspectos da infinitude; a decadência do próprio corpo do indivíduo e o sofrimento advindo das relações entre humanos. É possível que esta última fonte de sofrimento, postulada por Freud, seja a mais aguda, pois está ligada diretamente ao Princípio de Prazer, que se torna irrealizável na sua plenitude, e se conecta diretamente com o objeto desta pesquisa, como veremos ao longo dos capítulos.

Como dissemos, muitos acadêmicos vêm estudando o tema "O Mal-Estar na Civilização" desde que Freud o fez em 1930. Várias obras têm sido escritas dialogando com o Mal-Estar de Freud. Para compor esta seção — como nos referimos na Introdução — vamos destacar dois em especial: Herbert Marcuse (1898-1979) e Zigmunt Bauman (1925-2017).

O filósofo alemão Herbert Marcuse, em sua obra *Eros e Civilização* (1975), escrita em 1955, dialoga com o Mal-Estar, e parte do mesmo pressuposto freudiano da dualidade do prazer e realidade. O autor nos diz:

A interpretação psicanalítica revela que o princípio de realidade impõe uma mudança não só na forma e tempo fixado para o prazer, mas também na sua própria substância. A adaptação do prazer ao princípio de realidade implica a subjugação e diversão da força destrutiva da gratificação instintiva, de sua incompatibilidade com as normas e relações estabelecidas da sociedade e, por conseguinte, implica a transubstanciação do próprio prazer (MARCUSE, 1975, p. 34).

Marcuse se alinha ao pressuposto básico de Freud no que tange a renúncia do prazer total pela segurança da convivência. Os autores convergem que sobre o Princípio de Realidade, momento em que o homem adquire as faculdades de atenção, memória de discernimento, aprende a examinar a realidade, distingue entre o bom e o mau, verdadeiro e falso, útil e prejudicial. Torna-se um sujeito consciente, pensante e dotado para uma racionalidade imposta de fora.

Marcuse converge também quando diz que a função de descarga motora, que durante a fase do Princípio de Prazer, servira para aliviar o aparelho mental da acumulação excessiva de estímulos, é agora empregada na alteração apropriada da realidade (Marcuse, p34). O que é importante destacar, na visão de Marcuse, é que tanto os desejos do homem como sua alteração da realidade deixam de pertencer ao próprio sujeito e passam a ser organizados pela sociedade. O autor afirma: se a ausência de repressão é o arquétipo de liberdade, então a civilização é a luta contra essa liberdade (Marcuse, p. 35). Mais adiante abordaremos a questão da impunidade e, por certo, essas questões solidificam o conceito da transgressão, dentro do Mal-Estar.

Podemos notar que no aspecto fundamental do argumento de partida, tanto Freud quanto Marcuse alinham seus pensamentos quando postulam que a substituição do Princípio de Prazer pelo Princípio de Realidade é o grande acontecimento traumático no desenvolvimento no homem. E vão além, concordam que pelo fato de o Princípio de Realidade ter de ser recorrentemente restabelecido no desenvolvimento humano, indica que seu triunfo sobre o Princípio de Prazer jamais é completo e seguro, e que o inconsciente retém os objetivos do Princípio de Prazer que foram derrotados. E Marcuse complementa que o retorno desta repressão compõe a história proibida e subterrânea da civilização. E diz que a exploração dessa história revela não só o segredo do indivíduo, mas também da própria civilização. Daí Marcuse afirmar que a Psicologia Individual de Freud seja em sua própria essência, uma Psicologia Social. Essa posição vem de encontro com a minha opinião quando fiz a comparação da Sociologia com a Psicanálise. Esse é o aspecto que enalteço quando afirmo que psicanálise tem importância ímpar na psicologia social e que ainda é muito pouco explorada. Podemos então depreender que a repressão de que falamos é um fenômeno histórico, pois, a subjugação dos instintos do Princípio de Prazer não é imposta pela natureza, mas sim pelo próprio homem.

Em complemento, Marcuse, ao analisar o desenvolvimento do aparelho mental repressivo segundo Freud, o condensa em dois Planos: a) Ontogenético: onde temos a evolução do indivíduo reprimido, desde a mais remota infância até a sua existência social consciente e b) Filogenética: onde temos a evolução da civilização repressiva, desde a horda primordial até o estado civilizado plenamente constituído.

Com base nessa divisão, vamos nos ater à visão de Marcuse sobre as questões filogenéticas, momento em que o autor introduz outro conceito nessa discussão, que Freud não o aborda com tanta substância: a questão econômica. Senão vejamos:

> *Segundo Freud, a modificação repressiva dos instintos, sob o princípio de realidade, é imposta e mantida pela eterna luta primordial pela existência... que persiste até hoje. As carências ou necessidades vitais ensinam ao homem que não pode gratificar livremente seus impulsos instintivos, que não pode viver sob o princípio de prazer. O motivo da sociedade, ao impor a modificação decisiva da estrutura instintiva, é, pois, econômico; como não tem meios suficientes para sustentar a vida de seus membros sem trabalho por parte deles, [a sociedade] trata de restringir o número de seus membros e desviar as suas energias das atividades sexuais para o trabalho* (MARCUSE, 1975, p. 37).

Marcuse passa então a aprofundar a questão econômica de uma forma bem mais enfática que Freud, ainda que o próprio Marcuse tenha admitido que Freud tenha tangenciado o conceito. Marcuse complementa que o desvio das energias sexuais para o trabalho é tão antiga quanto a própria civilização e forneceu sempre a mais efetiva racionalização para a repressão. O autor acrescenta que se Freud justifica a organização repressiva dos instintos do indivíduo pelo caráter irreconciliável do conflito entre o Princípio de Prazer e o Princípio de Realidade, expressa também o fato histórico de que a civilização progrediu como dominação organizada. E aqui Marcuse faz uma crítica a Freud quando diz que o caráter não histórico dos conceitos freudianos contém, pois, exatamente o seu oposto e, portanto, sua substância histórica deve ser retomada, somando-se alguns fatores sociológicos, que segundo Marcuse são feitos nas escolas culturais neofreudianas. A questão histórica levantada por Marcuse é importante, pois, nos dá elementos para analisarmos a transgressão no contemporâneo, como um processo contínuo de degradação cultural ao longo do tempo.

Assim, Marcuse passa a extrapolar a teoria freudiana, que para ele não diferencia adequadamente as vicissitudes biológicas das histórico-sociais dos instintos, e emparelham termos correspondentes que assinalam o componente histórico-social. Nesse sentido, Marcuse acrescenta dois outros conceitos, a saber: a) Mais-Repressão: que são as restrições requeridas pela dominação social. Distingue-se da repressão (básica): as modificações dos instintos necessários à perpetuação da raça humana em civilização e, b) Princípio de Desempenho: a forma histórica predominante do princípio de realidade (Marcuse, 1975, p. 51).

Marcuse nos diz que no Princípio de Realidade está subentendido o fato fundamental da carência e que tal fato significa que a luta pela existência tem lugar num mundo demasiadamente pobre para a satisfação das necessidades humanas sem restrição, renúncia e dilação constante. Ou seja, para qualquer satisfação possível será necessário trabalho. Assim, o autor destaca que o trabalho ocupa quase que toda a existência do indivíduo amadurecido e como os instintos básicos lutam pelo predomínio do prazer, este se torna incompatível com a realidade. Marcuse diz que os instintos têm de sofrer uma arregimentação repressiva. E o autor complementa:

> *A carência, ou escassez, predominante tem sido organizada de modo tal, através da civilização (embora de modos muito diferentes), que não tem sido distribuída coletivamente de acordo com as necessidades individuais, nem a obtenção de bens para a satisfação de necessidades tem sido organizada com o objetivo de melhor satisfazer às crescentes necessidades dos indivíduos. Pelo contrário, a distribuição da escassez, assim como o esforço para superá-la, o modo de trabalho, foram impostos aos indivíduos primeiro por mera violência, subsequentemente por uma utilização mais racional do poder* (MARCUSE, 1975, p. 52).

Temos mais duas variáveis incluídas por Marcuse nesta equação, que serão de grande valia posteriormente para a pesquisa, e que são: Poder e Dominação. Ele nos diz que dominação difere do exercício racional da autoridade. Para ele, autoridade é naturalmente inerente à atividade de administração do trabalho, contudo, a dominação é exercida numa sociedade por um determinado grupo ou indivíduo, a fim de se manter ou consolidar uma posição de privilégio em relação aos demais. Isso é importante, pois o exercício da dominação preserva a carência, a escassez e a coação irracional. Assim, a equação do Princípio de Realidade ganha aspectos mais densos que complementam a teoria freudiana. Nesse aspecto Marcuse nos diz:

> *Essas diferenças afetam o próprio conteúdo do princípio de realidade, pois toda e qualquer forma do princípio de realidade deve estar consubstanciada num sistema de instituições e relações sociais, de leis e valores que transmitem e impõem a requerida modificação dos instintos* (MARCUSE, 1975, p. 52).

Marcuse acrescenta que o Princípio de Realidade exige uma considerável dose de controle repressivo sobre os instintos e que as instituições históricas específicas do Princípio de Realidade e os interesses específicos de dominação acrescentam controles adicionais, muito além dos indispensáveis a civilização. Para estes controles adicionais, gerados por instituições específicas de dominação, Marcuse dá o nome de Mais-Repressão. Este passa a ser um dos dois conceitos mais agudos da análise de extrapolação que o autor faz da teoria freudiana. Na obra, Marcuse foca nos impactos substanciais da Mais-Repressão como elemento determinante do Mal-Estar, quando se considera a questão meio ambiente, adicionalmente aos aspectos psíquicos determinados por Freud. Desde nossas considerações a partir do texto de Platão passando por esse texto de Freud com as devidas considerações de Marcuse, até aqui, é importante frisar o quanto o respeito às leis — a partir do seu óbvio reconhecimento como instituição — tem papel preponderante na composição do processo de corrupção.

Prosseguindo, Marcuse nos diz que as modificações e deflexões de energia instintiva, necessárias à perpetuação da família patriarcal monogâmica, ou a uma divisão hierárquica do trabalho, ou ao controle público da existência privada do indivíduo, são exemplos de Mais-Repressão concernentes às instituições de um determinado Princípio de Realidade (Marcuse, 1975, p. 52). E conclui que:

É somada às restrições básicas (filogenéticas) dos instintos que marcam a evolução do homem do animal humano para o animal sapiens. O poder de restringir e orientar os impulsos instintivos, de transformar as necessidades biológicas em necessidades e desejos individuais, em vez de reduzir, aumenta a gratificação: a mediatização da natureza, a ruptura de sua compulsão, é a forma humana do princípio de prazer. Tais restrições dos instintos podem ter sido primeiro impostas pela carência e pela prolongada dependência do animal humano, mas tornaram-se depois um privilégio e distinção do homem, que o habilitaram a transformar a necessidade cega de satisfação de uma carência numa gratificação desejada (MARCUSE, 1975, p. 52).

Neste contexto, Marcuse acrescenta que ao longo da história da civilização, a coação instintiva imposta pela escassez foi intensificada por coações impostas pela distribuição hierárquica da escassez e do trabalho. Marcuse nos fala sobre a desigualdade no processo do desenvolvimento social, questão adicional a Freud, que se deteve mais no lado ontogênico, e Marcuse complementa que o interesse de dominação acrescentou Mais-Repressão à organização dos instintos, sob o Princípio de Realidade. Para o autor, "o Princípio de Prazer foi destronado não só porque militava contra o progresso na civilização, mas também porque militava contra a civilização cujo progresso perpetua a dominação e o trabalho esforçado e penoso" (Marcuse, 1975, p. 54).

Entretanto, Marcuse reconhece que Freud percebe esta questão, pois ele compara a atitude da civilização em face da sexualidade com a de uma tribo ou uma determinada porção da população que tenha alcançado o patamar de hegemonia e esteja explorando os demais para sua própria vantagem. O medo de uma eventual revolta se traduz numa regulamentação ainda mais rigorosa. Contudo, é importante que se tenha, nesse ambiente, a figura opressora como referência. E é exatamente esta figura de referência, que pode ser o Estado. Utilizaremos largamente o conceito Estado ao longo da pesquisa, portanto, essa contribuição é básica na construção do marco teórico, pois, quando a referência desse mesmo Estado falha, o Homem Comum experimenta limites que não o faria caso a figura Estado existisse. Estudaremos nos próximos capítulos os impactos da ausência dessa referência.

Finalizando a participação de Marcuse neste diálogo com Freud sobre o "O Mal-Estar na Civilização", vamos apresentar o último dos dois conceitos mais importantes que congregam o que Marcuse chama de extrapolação da teoria freudiana: O Princípio de Desempenho. Para o autor o conceito pode ser resumido da seguinte forma:

> *O princípio de desempenho, que é o de uma sociedade aquisitiva e antagônica no processo de constante expansão, pressupõe um longo desenvolvimento durante o qual a dominação foi crescentemente racionalizada: o controle sobre o trabalho social reproduz agora a sociedade numa escala ampliada e sob condições progressivas. Durante uma considerável parte dessa evolução, os interesses de dominação e os interesses do todo coincidem: a utilização lucrativa do sistema produtivo satisfaz às necessidades e faculdades dos indivíduos* (MARCUSE, 1975, p. 58).

Para o autor, a extensão e o modo de satisfação de um indivíduo são determinados pelo seu próprio trabalho, que em tese é parte de uma engrenagem que ele não controla. Resumindo, os homens passam a não viver suas próprias vidas, somente desempenham funções pré-estabelecidas e, enquanto trabalham, não satisfazem suas próprias necessidades. O trabalho se torna penoso e sem a gratificação, negando o Princípio de Prazer. E Marcuse conclui sobre a felicidade experimentada pelo homem neste contexto:

> *Essa felicidade, que ocorre fracionadamente, durante as poucas horas de lazer entre os dias ou noites de trabalho, mas algumas vezes também durante o próprio trabalho, habilita-o a prosseguir em seu desempenho, que por sua vez perpetua o seu trabalho e o dos outros. Seu desempenho erótico é posto em alinhamento com o seu desempenho social. A repressão desaparece na esplêndida ordem objetiva de coisas, que recompensa mais ou menos adequadamente os indivíduos cumpridores e obedientes, e que, ao fazê-lo, reproduz de modo mais ou menos adequado à sociedade como um todo* (MARCUSE, 1975, p. 59).

E assim, o conflito entre sexualidade e civilização se desenrola com esse desenvolvimento de dominação. Segundo o autor, esse processo realiza a dessexualização socialmente necessária do corpo, e a libido passa a se concentrar em apenas uma parte do corpo, deixando o resto livre para ser usado como instrumento de trabalho. Como consequência de todo este processo, Marcuse determina que em virtude da revolta contra o Princípio de Desempenho, em nome do Princípio de Prazer, as perversões revelam uma profunda afinidade com a fantasia como sendo aquela atividade mental que foi conservada, imune ao teste da realidade e permaneceu exclusivamente subordinada do Princípio de Prazer (Marcuse, 1975, p. 62). Podemos sumarizar esta reflexão na citação do autor, que está na base da teoria freudiana, que a nossa civilização, em termos genéticos, está fundada na supressão dos instintos.

Complementando o diálogo dos pensadores sobre o tema, vamos introduzir Zigmunt Bauman (1925-2017), um sociólogo e filósofo polonês que, como Freud e Marcuse, experimenta uma Europa conflagrada por guerras mundiais, numa sociedade despedaçada. A obra de Bauman, que dialoga com Freud, é a mais recente, foi escrita em 1997 e se chama O Mal-Estar da Pós-Modernidade (1998). Assim como Marcuse, Bauman parte do mesmo princípio fundamental de Freud. O autor nos diz:

> *A civilização se constrói sobre uma renúncia ao instinto" Especialmente — assim Freud nos diz — a civilização (leia-se modernidade)* "impõe grandes sacrifícios" *à sexualidade e agressividade do homem.* "*O anseio da liberdade, portanto, é dirigido contra formas e exigências particulares da civilização ou contra a civilização como um todo*" (BAUMAN, 1998, p. 8).

Podemos ver que a renúncia está na base do pensamento do autor, que já numa fase posterior da civilização ainda reconhece a aplicabilidade desse mecanismo determinado por Freud em 1930, como fundamental na conceituação do Mal-Estar. Nos diz ainda que os prazeres da vida civilizada vêm num pacote fechado com os sofrimentos, a satisfação com o Mal-Estar, a submissão com a rebelião. Conclui que a civilização é a ordem imposta a uma humanidade naturalmente desordenada e fala convergindo com Marcuse e, obviamente, com Freud, que o Princípio de Prazer está aí reduzido à medida do Princípio de Realidade e as normas compreendem essa realidade que é a medida do Realista (Bauman, 1998, p. 8), e termina o conceito dizendo que o homem civilizado trocou um quinhão das suas possibilidades de felicidade por um quinhão de segurança.

Tanto Marcuse quanto Bauman convergem na questão do trabalho, da desigualdade, da ética, como variáveis básicas para o estabelecimento de um bem-estar, que deveria nortear as civilizações modernas. Nem Marcuse nem Bauman rechaçam a teoria freudiana e, é muito importante que se afirme isso. Ambos os autores reconhecem a teoria freudiana como a mola mestra de seus estudos e partem de seus postulados como marco teórico básico para suas teorias subsequentes.

Bauman inicia seu Mal-Estar pontuando que só a sociedade moderna pensou em si mesma como uma atividade de cultura ou de civilização, e agiu sobre esse autoconhecimento com os resultados que Freud passou a estudar. Diante disso, Bauman no diz: "a expressão civilização moderna é, por essa razão, um pleonasmo" (Bauman, 1998, p. 7). É importante iniciarmos com essa citação, pois demonstra o que Bauman pensa sobre modernidade e realçará seus problemas intrínsecos para, na sequência, conceituar o que ele chamaria de Pós-Modernidade. O autor nos diz:

> *Você ganha alguma coisa e, em troca perde alguma outra coisa: a antiga norma mantém-se hoje tão verdadeira quanto o era então. Só que os ganhos e as perdas mudaram de lugar: os homens e as mulheres pós-modernos trocaram um quinhão de suas possibilidades de segurança por um quinhão de felicidade. Os mal-estares da modernidade provinham de uma espécie de segurança que tolerava uma liberdade pequena demais na busca da felicidade individual. Os mal-estares da pós-modernidade provêm de uma espécie de liberdade de procura do prazer que tolera uma segurança individual pequena demais* (BAUMAN, 1998, p. 10).

Podemos depreender de Bauman a base da teoria freudiana da busca da felicidade e, sobretudo, da perda. E cita Freud quando nos diz que o que chamamos de felicidade e da satisfação de necessidades represadas até um alto grau e, por sua natureza, só é possível como um fenômeno episódico. Contudo, na linha de Marcuse, Bauman acrescenta outras variáveis, que também serão de grande valia para o entendimento da pesquisa. Podemos observá-las quando ele nos cita as coisas que preenchem a vida de todo ser humano: busca de sobrevivência e autoengrandecimento, a consideração racional de fins e meios, a avaliação de ganhos e perdas, a procura do prazer, o poder, a política e a economia. Ele nos diz também de uma ética. Nos fala que os novos poderes necessitam de nova ética, como uma questão do que ele chama da "nossa vida e morte coletiva". E complementa que os novos poderes solapam a própria possibilidade de atender às necessidades ao negar na teoria e na prática, o direito de a consideração ética interferir em seu crescimento.

E na linha de Marcuse, Bauman segue também "extrapolando" os conceitos freudianos na direção do Princípio da Realidade. Nessa linha, Bauman nos fala da desigualdade crescente numa escala global que, segundo ele, reproduz-se dentro de praticamente toda a sociedade nacional. E complementa:

> *A distância entre os ricos e os pobres, quer medida na escala de mercados globais, quer numa escala muito menor do que quer que se considere como "economias nacionais" (mas que é, progressivamente, pouco mais do que unidades administrativamente circunscritas de cômputo), está aumentando desenfreadamente, e a opinião predominante é de que os ricos provavelmente se tornarão ainda mais ricos, mas os pobres muito certamente se tornarão mais pobres.* (BAUMAN, 1998, p. 77).

Esse aspecto que Bauman traz, ainda que numa visão mais sociológica, cabe no contexto que pretendemos, pois a influência do aspecto classe e do aspecto economia passa a ser determinante na formação do comportamento do homem contemporâneo. Podemos depreender a crescente importância numa análise do Mal-Estar na contemporaneidade, a abordagem de tais questões, obviamente numa visão psicanalítica do tema. E Bauman segue:

> *Enquanto os ricos (supostamente satisfeitos) desfrutam de um elevado grau de liberdade da escolha pessoal, reagindo viva e alegremente ao crescente leque de atraentes ofertas de mercado, é fácil demais redefinir aqueles que não reagem da maneira esperada por parte dos consumidores adequados (seduzíveis) como pessoas inaptas para fazer bom uso da sua liberdade de escolha; pessoas que são, em última análise, inaptas para serem livres* (BAUMAN, 1998, p. 77).

Como é possível compararmos liberdade, satisfação das necessidades, repressão dentre outros, quando temos um crescente grau de desigualdade nas sociedades modernas? A história recente nos conta que a violência urbana está sedimentada no processo de empobrecimento do homem, de forma muito mais aguda do que na própria pobreza. Seria possível analisarmos o Princípio de Realidade sem levarmos em consideração o grande Mal-Estar contemporâneo chamando desigualdade? Bauman centra fogo na questão da desigualdade e pesa nas tintas quando o assunto é a distinção entre pobres e ricos. Ele nos diz: "Além disso, os pobres de hoje [...], são evidentemente inúteis para os mercados orientados para o consumidor e, cada vez mais, também, para governos de estado" (Bauman, 1998, p. 77).

Toda a sua indignação com o fato, o fazem observar que os pobres de hoje são, economicamente falando, verdadeiramente redundantes, inúteis disponíveis, e não existe nenhuma razão nacional para sua presença contínua (Bauman, 1998, p. 77) — me permita nobre leitor acrescentar a expressão: a não ser seu voto. Este pensador vê essa realidade no final dos anos 90, já bem distante da década de 30, observada por Freud.

E Bauman prossegue concluindo que a situação da maior parte da atual população, quer localizada em áreas do globo que sofrem de pobreza endêmica ou situada em sociedade relativamente próspera, que se ufanam de elevado produto nacional, não está apenas comparativamente ruim, mas também rapidamente e, portanto, claramente, em deterioração. Sob tais condições, poder-se-ia esperar um difundido sentimento de injustiça, com o potencial de se condensar em um movimento de protesto em grande escala, se não uma franca rebelião contra o sistema (Bauman, 1998, p. 80).

Essa desigualdade referida no texto, aliada ao sentimento de Injustiça — grifada pela importância daquilo que congrega, completa em Bauman, o mosaico do Mal-Estar que ele enxerga. Talvez isso possa explicar a célebre frase freudiana onde o pensador pergunta por que é tão difícil para os homens serem felizes?

É importante fecharmos essa seção retornando a Freud, porque por mais que Marcuse e Bauman tenham evoluído a partir do próprio Freud, a leitura do "O Mal-Estar" de Freud já nos indicava o estudo antropológico e sociológico reivindicados pelos dois primeiros autores. Freud nos fala que o ser humano não é uma criatura branda e ávida de amor, que só se defenderia se fosse atacada. Para ele, deveríamos incluir como principais dotes do homem, uma forte dose de agressividade. E continua:

[...] para ele, o próximo não constitui apenas um possível colaborador e objeto sexual, mas também uma tentação para satisfazer a tendência à agressão, para explorar seu trabalho sem recompensá-lo, para dele se utilizar sexualmente contra a sua vontade, para usurpar seu patrimônio, para humilhá-lo, para infligir-lhe dor, para torturá-lo e matá-lo (FREUD, 2013, p. 57).

Nesse ponto Freud utiliza a célebre frase eternizada por Thomas Hobbes (1588-1679): O Homem é o Lobo do Homem. E nos pergunta: quem, depois de tudo o que aprendeu com a vida e a história, tem coragem de discutir essa frase? Essa provocação em tese é a síntese do que Marcuse e Bauman expressam quando falam da repressão, da liberdade, da desigualdade em suma, da busca pelo poder.

Freud ainda postula que essa crueldade guarda uma provocação ou até se coloca a serviço de algum propósito diferente e o pior, que poderia ser atingido por meios mais suaves. E de forma bastante ácida, Freud decreta que em circunstâncias favoráveis, quando as forças psíquicas que normalmente a inibem estão ausentes, ela se expressa também de modo espontâneo, e revela o ser humano como uma besta selvagem que não poupa os de sua própria espécie. Daí remetermos a postulação de Freud quando fala das três fontes de sofrimento do homem na sociedade e que elege a relação com seus pares como o evento principal.

Outro ponto que é importante levantar na obra de Freud que difere do diálogo com Marcuse e Bauman se dá na questão da propriedade privada do homem. Tanto Marcuse quanto Bauman, tangenciam a visão capitalista da propriedade. Mas Freud argumenta uma linha que os dois autores não abordaram. Freud nos diz que suprimindo a propriedade privada, subtraímos o gosto humano pela agressão, um dos instrumentos mais poderosos. Mas ele acrescenta que agressividade e suas forças afins não foram criadas pela propriedade. Ele diz:

> *Ela não foi criada pela propriedade, reinou quase sem limites no tempo pré-histórico, quando aquela ainda era escassa, já se manifesta na infância, quando a propriedade mal abandonou sua primária forma anal, constitui o sedimento de toda a relação terna e amorosa entre pessoas, talvez com a exceção única daquela entre a mãe e o filho homem* (FREUD, 2013, p. 59)

E Freud conclui que se eliminássemos o direito pessoal aos bens materiais, subsistiria o privilégio no âmbito das relações sexuais, que se torna fonte do mais vivo desgosto e da mais violenta inimizade entre os seres. De qualquer forma, Freud passeia pela sociedade, mas não se afasta dos aspectos ontológicos do homem como ser. Essa é a contribuição psicanalítica que ele fornece à sociologia e à antropologia; que, no final das contas, podemos resumir tudo isso a simples busca do homem pelo Poder. E Freud resume: **a sociedade civilizada viu-se obrigada a fechar os olhos para muitas transgressões que, segundo suas normas, deveria punir** (Freud, 2013, p. 50).

Com essa frase nos damos por satisfeitos em passear pelo "O Mal-Estar" de Freud, com as ricas considerações de Marcuse e Bauman. A corrupção propriamente dita não é abordada por nenhum dos três autores, sobretudo, Freud. Mas como disse, pretensamente utilizei a base de Freud e o diálogo com Marcuse e Bauman para mostrar que, partindo da visão comum dos três, que é a relação do princípio de prazer versus princípio de realidade, aliada ao recrudescimento do individualismo do Homem Comum do contemporâneo e, acrescentando aspectos de trabalho, mercado, economia, desempenho etc., os limites das relações necessárias ao equilíbrio social se tornam tão perigosamente tênues que a simples evolução do quadro, leva o Homem Comum do contemporâneo adentrar ao campo da transgressão ou corrupção, visando à satisfação do seu desejo, em nome da busca frenética da felicidade. Assim, portanto, é dessa forma que enxergo a contribuição que "O Mal-Estar" pode deixar nesse contexto. De posse de tudo isso, vamos finalmente iniciar nossa viagem pela história do Brasil, começando lá nos primórdios da colonização até chegar aos nossos dias.

2.
A FORMAÇÃO DA SOCIEDADE BRASILEIRA SOB O OLHAR GENEALÓGICO

O contágio é como o da praga. Os criminosos, quando estão juntos, corrompem-se mutuamente.

Napoleão Bonaparte

Neste Capítulo faremos nossa viagem pelo Brasil pelos momentos históricos que propusemos. São eles: O Brasil Colônia, que vai do pós-descobrimento até a independência. Quando me refiro ao pós-descobrimento estamos falando do início da formação das cidades e, por conseguinte, da própria sociedade brasileira; da Monarquia, que vai da independência em 1822 até a proclamação da República em 1889 e da Era Vargas, primeiro período de Getúlio Vargas no poder, que vai de 1930 a 1945. Para complementar a viagem pela história, vamos trazer relatos do Brasil contemporâneo, ou seja, o Brasil dos anos 2000. Como já falamos, não faremos um simples relato dos fatos históricos. Nossa viagem terá como foco, ações do malfeito. Isso porque a sociedade brasileira se criou em torno dos colonizadores que aqui aportaram. Vamos ver que a cultura do malfeito foi algo importado e usado na formação social. O Homem Comum brasileiro foi moldado sob esse DNA. Ele assistiu por séculos o poder político dominante utilizar tal prática. Mas como essa prática o moldou no Homem Comum de hoje? De que forma isso o alcança nos dias de hoje? É exatamente o que pretendemos descobrir nessa viagem que começa agora.

2.1. A FORMAÇÃO DA SOCIEDADE BRASILEIRA E A HERANÇA DA CORRUPÇÃO

A história do Brasil é tão fascinante como insólita. O Brasil tem uma sociedade relativamente recente quando a comparamos com os países ditos colonizadores. O tema da corrupção pode ser percebido em cada esquina da história do Brasil, e são exatamente essas esquinas que pretendemos trazer aqui para a discussão.

Todos os conceitos psicanalíticos que iremos testar, o faremos sob a base dos fatos históricos, em cada um desses três momentos. Assim, esse capítulo tem a importância de ser um banco de provas onde a psicanálise desempenhará seu papel.

O Brasil Colonial é o berço da civilização brasileira. Diferentemente de outras colônias portuguesas, o Brasil anterior à chegada dos portugueses era primitivo e inexplorável. A cultura que aqui chegou foi a referência única. Foi a Proto Sociedade brasileira.

A história nos conta que o Império reproduziu uma cultura europeia de baixos valores desenvolvimentistas. Veremos um Estado pesado, profundamente ligado à religião e aos costumes, de uma corte onde o luxo não encontrava os sentimentos republicanos que já reinavam nos EUA, por exemplo.

A Era Vargas é representativa, pois nela tivemos eventos que se repetirão na história subsequente, quais sejam: golpes, populismo, clientelismo, cooptação e, obviamente, corrupção. Por certo veremos que a história brasileira se repete de forma estarrecedora. E é exatamente a partir dessa constatação que traremos as ferramentas da psicanálise. Assim sendo, vamos lá.

2.1.1. *No Brasil Colônia*

Como já dissemos, a sociedade brasileira é muito recente — com pouco mais de 500 anos. Quando aqui chegaram para instalar uma de suas colônias, os portugueses já haviam experimentado, há algumas décadas, uma conturbada e rica história de colonização em outras regiões do planeta. Aliás, experiência essa que não pode ser considerada um sucesso, e muitos autores corroboram com tal tese. Nessa seção pretendemos iniciar investigando de que forma os portugueses chegam ao Brasil, e que experiências nos trazem para a formação da sociedade brasileira, primitiva àquela altura.

Notamos que a maioria dos estudos sobre a formação da sociedade brasileira tem seu foco no século XIX, por conta do período do império. Estaremos também investigando o século XIX, pela importância dos acontecimentos que tiveram lugar ali, como a independência do Brasil, as constituições, o fim da escravidão, dentre outras. Contudo, o conceito básico da formação da sociedade, com seus primeiros valores morais é posto naquele momento da história do Brasil.

Historicamente, o período colonial vai do descobrimento em 1500 até a independência em 1822. Esse período é o mais longo dos períodos da formação da sociedade brasileira com duração de 322 anos. Nele tivemos basicamente a ocupação do território, de forma geral, a fundação das principais cidades, o início da exploração daquilo que a terra oferecia e, como fato mais significativo, o estabelecimento do processo de escravidão, o grande divisor de águas na formação cultural da sociedade brasileira.

Como é amplamente conhecido, o Império Português foi o primeiro império global da história, iniciando suas bases em 1415 com a conquista de Ceuta (cidade islâmica no norte da África) e tendo como marco final, em 1999, a devolução da soberania de Macau à China, teoricamente a sua última colônia. Suas bases coloniais se estenderam pela Europa, África, América e Ásia, atingindo 14 no total. A história mostra que o processo de colonização portuguesa teve como base a exploração e o extrativismo, visando o sustento da Coroa, em Lisboa, pesada e sedenta em luxúria e ostentação. Portanto, nunca houve uma clara preocupação com desenvolvimento socioeconômico dos povos. A preocupação era a posição estratégica, o sustento da Coroa e a disseminação religiosa.

Portugal começa sua colonização no Brasil por razões estritamente comerciais, com o declínio das colônias do Oriente, onde seus lucros se reduziram até o completo esgotamento. Ato contínuo, Portugal descobre as possibilidades comerciais da exploração do Pau-Brasil, elemento principal na produção de corantes vermelhos, usados para tingir os tecidos da corte.

Quando os colonizadores lusitanos desembarcaram por aqui, trouxeram longa experiência vivida em outras colônias. Um dos exemplos mais marcantes é Goa, na Índia. Tomamos esse exemplo por ser significativo diante das demais, por sua importância estratégica, bem como pela dimensão das transações comerciais. Tomando esse exemplo como representativo na forma e estilo de administração — o que segundo a história nos parece perfeitamente admissível — vamos analisar de forma breve o que a literatura nos revela sobre esta colônia, sobretudo, as principais razões de seu declínio.

Segundo o doutor em História Thiago Cavaliere Mourelle, em seu artigo "Portugal e o Estado da Índia" (2018), Goa já era muito próspera antes da chegada dos portugueses. Para o autor, as trocas comerciais eram intensas, com a presença principalmente de hindus e muçulmanos. Ele nos diz: "A partir do final do século XV e, mais efetivamente, no decorrer dos séculos XVI e XVII, os portugueses exploraram todo o subcontinente indiano, fazendo um levantamento exaustivo dos seus povos, tradições e reinos". Essa questão nos revela um fato importante, pois indica que Goa já existia, com suas tradições, religiões e uma cultura em desenvolvimento.

No Brasil a questão é distinta, a sociedade encontrada aqui era primitiva. Portanto, a cultura portuguesa sedimentou a base da formação social, a partir dos novos moradores.

Nessa colônia, a Coroa portuguesa era representada pelo governador geral que, normalmente, usava o título de vice-rei, tinha um mandato de três anos e dispunha de grande autonomia. Tinha sob seu comando as esferas políticas, militares, administrativas, judiciais e econômicas. A administração também contava com o Conselho de Estado, órgão consultivo, onde eram apreciadas as matérias de relevada importância.

Para se ter uma noção da importância da colônia, no começo do século XVII, o poder português no Oriente, centralizado em Goa, estendia-se desde a costa oriental da África a Málaca, Timor e Macau, passando por Ceilão e São Tomé de Meliapor. Ainda dominava o Golfo Pérsico, Ormuz, Mascate, Calaiate, Curiate, Soar, Barém além de outras localidades da costa da Arábia até Baçorá. Por essa importância e prosperidade, recebeu o apelido de "Golden Goa" (Goa de Ouro).

Contudo, a partir do século XVII, a colônia experimenta seu declínio e obriga Portugal a uma grande reestruturação e modernização administrativa no Estado da Índia. Thiago Cavaliere Mourelle (2018), em seu artigo, nos diz: "Percebe-se uma preocupação cada vez maior de Portugal, ao longo da segunda metade do século XVIII em reorganizar Goa e combater, principalmente, a evasão de recursos por particulares, o que estaria diminuindo os lucros da metrópole". O autor é claro ao afirmar que o movimento era necessário, devido ao grande "atraso, descuido e malícia dos Oficiais da Fazenda", o que nos indica práticas de corrupção e de fragilidade administrativa no estado da Índia.

Um proeminente historiador português chamado Rui Manuel Monteiro Lopes Ramos, ainda na ativa, citado por Mourelle em seu artigo complementa: "ao analisar comparativamente a atuação de Portugal no Estado das Índias e no Brasil durante o século XIX, aponta as críticas que os portugueses da época fizeram sobre a colonização do Estado da Índia". O pesquisador explica que, para os lusos, a colonização do Estado da Índia só obteve real sucesso no século XVI e parte do século XVII, tendo sofrido depois com a corrupção, erros administrativos e, principalmente, com a falha dos portugueses em lidarem com a população local.

Os historiadores citados são uníssonos em apontarem a má administração como o fator preponderante para o declínio da colônia. A corrupção está no centro dessa má administração, através de interesses particulares em detrimento da coisa pública.

Adriana Romeiro, uma historiadora mineira, nos traz uma obra chamada *Corrupção e Poder no Brasil, Uma história, séculos XVI a XVIII* (2017), que aborda frontalmente o tema dessa pesquisa. Na mesma linha de Mourelle, a autora também nos fala do declínio das colônias orientais e cita uma das mais antigas obras sobre o declínio tendo a corrupção como um dos temas.

Trata-se da conhecida obra chamada de O Soldado Prático, escrito no final do século XVI por Diogo do Couto (1542-1616), um historiador português que desempenhou a função de guarda-mor da Torre do Tombo em Goa. Para Romeiro:

> *esse livro é um verdadeiro compêndio das mazelas que governantes e homens comuns praticavam na Índia portuguesa [...] seu propósito era descrever diferentes traças que a ambição dos particulares havia inventado para tirar lucro do Estado da Índia à custa do Estado"* (ROMEIRO, 2017 p. 22).

Nesse antigo texto, Couto usa metáforas de doença e da degeneração para denunciar o ambiente político e o tipo de moral que regia a sociedade. Ele nos diz que "não havia coisa sã, tudo estava podre e afistulado, perto da *herpes* e que se não cortasse um membro todo o corpo seria tomado pela enfermidade". Ele relata a degradação da justiça, viciada pelos interesses particulares. Os relatos convergem para a mesma sorte de delitos, tais como: contrabando, administração pública com interesses privados, enriquecimento ilícito de funcionários públicos, além de desvio de conduta de funcionários régios.

Nas palavras de Romeiro, Couto afirma com todas as letras que a corrupção esteve no centro do declínio da colônia e que, a partir dela, outras colônias foram povoadas. Os relatos são robustos e forjam o conceito que nos interessa para iniciarmos a análise do período colonial brasileiro.

Podemos defender, portanto, a propositura de que essas ilicitudes foram os fatores preponderantes no processo de declínio e, sobretudo, da migração para outras colônias, que ainda não tivessem sido exauridas pelas práticas extrativistas. Sustentamos essa posição não apenas pelos exemplos que listamos aqui. Tais exemplos foram apenas representativos. A literatura nos oferece inúmeros outros fatos que caracterizam tal questão. Como não é o objetivo principal da pesquisa dissecarmos os fatos do declínio das colônias portuguesas, utilizamos os depoimentos mais significativos para robustecer nossa tese quanto à ocorrência de vasta corrupção nas administrações das colônias anteriores à do Brasil.

Portanto, podemos assumir que foi dessa forma que os nobres colonizadores desembarcaram nas terras brasileiras, trazendo consigo a marca dos ilícitos já amplamente utilizados, e que só beneficiavam aos próprios atores que os conduziam. A constatação dessa herança é pedra de toque na análise que iremos conduzir.

Como a obra de Romeiro aborda a temática dessa pesquisa, vamos seguir utilizando-a como base teórica, sabedores que somos que a autora compartilha da mesma percepção de que a herança trazida apresentava sério comprometimento moral. Contudo, é importante uma reflexão da autora, de que, segundo ela, o tema corrupção ainda não foi objeto de investigação sistemática na época colonial, por parte de historiadores brasileiros. Ela nos diz que as inúmeras referências às práticas ilícitas das quais as fontes oficiais são, como ela relata, particularmente pródigas, não suscitaram estudos que tivessem a corrupção como tema central, sabendo da relevância do tema nos dias de hoje. Destacamos essa reflexão da autora, pois compartilhamos com a mesma percepção.

Contudo, Romeiro nos traz três autores que tratam do tema, e que iremos também investigar por suas significativas obras. Estamos falando de Caio Prado Junior (1907-1990) historiador, geógrafo, filósofo e político brasileiro, Charles R. Boxer (1904-2000) historiador britânico e profundo conhecedor da história colonial portuguesa e Fernando Novais (1933) historiador brasileiro.

A autora separa uma citação de Caio Prado em sua obra *Formação do Brasil contemporâneo de 1942* (1979) em que relata que na administração portuguesa nota-se a falta de organização, de eficiência e de agilidade. Essa administração é submersa na confusão de competências e funções, redundando numa máquina burocrática emperrada, ineficiente, monstruosa, gerando uma excessiva centralização nos mandos a partir de Lisboa.

Na visão de Caio Prado, a corrupção seria uma das faces principais dessa máquina, onde ele nos diz: "numa palavra, e para sintetizar o panorama da sociedade colonial: incoerência e instabilidade no povoamento; pobreza e miséria da economia; dissolução nos costumes; inércia e corrupção nos dirigentes leigos e eclesiásticos" (PRADO, 1979, p. 356). Portanto, a colonização portuguesa teve como objetivo central não a ocupação e o desenvolvimento da colônia, mas, verdadeiramente, a exploração.

Já Charles Boxer (1904-2000), um notável historiador britânico que viveu no século XX e se dedicou à colonização portuguesa e holandesa, agrega importante conhecimento. Romeiro destaca uma citação de Boxer em que diz: "a administração portuguesa — não só na Índia, mas em todas as conquistas — pode ser descrita como corrupta e venal, contaminada pelo ambiente de lassidão moral que teria caracterizado a colonização portuguesa em todos os seus domínios" (ROMEIRO, 2017, p. 35). O autor nos conta que o governo central português nunca conseguiu pagar salários adequados à maioria de seus funcionários e servidores. Como forma de compensação, a Coroa os autorizava e, até estimulava, a lançar mão do que havia disponível nas possibilidades econômicas, dentro da máquina pública, que pudesse compensar os baixos rendimentos. A palavra--chave desse processo era a reciprocidade.

Era permitido que os funcionários enriquecessem por meios ilícitos, tendo como contrapartida o desembolso de parte desses recursos para fazer frente à necessidade dos recursos da própria Coroa. Para Boxer, a regra geral era "o abuso, a rapacidade e a venalidade".

De tudo que podemos depreender do início do processo de corrupção na formação da sociedade brasileira, a partir do século XVI, o tema "baixos salários" dos integrantes do poder público, figura na quase totalidade da literatura disponível. A coroa portuguesa, ou não dispunha de valores ou não priorizava a devida remuneração de seus membros na colônia, permitindo assim a contrapartida. A contrapartida era o ganho ilícito.

Os temas baixos salários e compensações passaram a solidificar a cadeia de símbolos que norteou a formação social no Brasil, no seu início. O mais curioso de tudo isso, é que cerca de quinhentos anos após essa formação, podemos ver com facilidade a manutenção dessa mesma cadeia de símbolos como justificativa dos mesmos processos de corrupção dos dias de hoje. Poderíamos citar dezena de exemplos da atualidade, que tem esse argumento como pano de fundo. Parece que o tempo não passou no Brasil, não? Poderíamos aqui arriscar uma conclusão, sem medo de estarmos sendo açodados, de que o processo da estruturação da corrupção no Brasil tem seu início na institucionalização do Poder Público que o governou.

Lendo o que temos disponível dos autores que se dedicaram ao estudo dessa época, me pergunto quando escrevo esse texto: em que ano estamos mesmo? Será que é mesmo 1650?

Romeiro, citando Boxer em sua obra *Salvador de Sá and the struggle for Brazil and Angola* (1602-1686) nos diz:

> *Contrabando, má administração dos recursos da Fazenda Real e apropriação indevida constituíam práticas profundamente arraigadas nas sociedades coloniais, alimentadas pela "psicose de fraude", contra as quais nada puderam os esforços de erradicação encetados pela Coroa* (ROMEIRO, 2017, p. 36).

Nessa citação de Romeiro, Boxer nos dá um relato sobre Salvador Correia de Sá e Benevides (1602-1688), que foi um militar e político português que se destacou no comando da frota, em 1647, e reconquistou Angola e São Tomé e Príncipe, terminando com a ocupação holandesa. Foi também, por três vezes, governador da capitania do Rio de Janeiro. Segundo Boxer, Salvador de Sá revela com clareza o princípio que regia as relações entre enriquecimento e serviço régio. Aos funcionários da Coroa era além de permitido — era desejável — que enriquecessem, não às custas da Coroa — e sim às custas do Público, desde que, nos tempos de necessidade, abrissem seus bolsos em prol do Rei.

Ainda segundo Boxer, isso se deu quando Salvador de Sá armou à suas custas, em 1648, a expedição para a missão em Angola. Evidentemente, nos diz Boxer, que na sequência, Salvador de Sá apressou-se em rever tal quantia a partir da gestão da colônia. Mais um dos inúmeros exemplos da confusão entre público e privado no poder público. Parece que estamos relatando um exemplo dos dias atuais. Poderíamos aqui entremear exemplos colhidos nos jornais de hoje, onde diferenciaríamos apenas os nomes dos atores. As ações são semelhantes. Encontramos casos de funcionários fantasmas nas folhas de pagamento dos governos locais, compras privadas com recursos públicos enfim, tudo aquilo que vemos hoje, sendo feito 300 anos antes.

Com relação a funcionários fantasmas, algo tão noticiado nas páginas policiais dos dias de hoje, vale um registro mais detalhado: Francisco Rodrigues Silveira (1585-1634) foi um soldado com larga experiência nas Índias que escreve uma obra em 1620, intitulada Reformação da milícia e governo do Estado da Índia Oriental; Romeiro cita Silveira:

> *[...] por muitos canos escoa o dinheiro extorquido por eles, a exemplo do estratagema de lançar nomes-fantasma na folha de pagamento dos soldados, ou de incluir nela o nome dos criados de fidalgos, alcoviteiros, malsins, pajens e semelhantes, para que estes se apropriassem, de forma indevida do dinheiro destinado aos soldos* (ROMEIRO, 2017, p. 110).

Acho bem oportuno citar tal passagem de um texto por demais antigo, pois tais práticas — vistas hoje em dia — estiveram na base de nossa formação cultural do país. É notável a semelhança com aquilo que vemos hoje, sobretudo a nomeação de pessoas completamente estranhas ao desempenho das funções públicas com intuito de atender aos interesses privados. Se recortássemos esse texto e o incluíssemos em algum periódico dos dias de hoje, por certo, ninguém estranharia a famigerada notícia. Não conseguimos aprender com o tempo.

Romeiro, assim como, seguramente, a quase totalidade de todos que investigaram as ilicitudes da formação do Brasil colonial, afirmam que a principal ilicitude e a mais generalizada que norteou o Brasil colônia foi o contrabando. Nesse contexto, outro autor que também aborda o tema é Fernando Novais — conhecido historiador-doutor brasileiro nascido em 1933 — que publica em 1979 a obra *Portugal e Brasil na crise do antigo sistema colonial (1777-1808)*, (1989). Novais nos relata que a existência do contrabando pressupunha o mecanismo de exploração colonial gerador de super lucros. E é esse lucro que tornava o comércio ilegal tão disseminado.

Podemos depreender de Romeiro que aqueles que vinham para o Brasil já traziam em suas bagagens as práticas das ilicitudes — distanciadas que estavam da Coroa, já sabedores de que se tratava apenas de mais uma colônia, e que a existência de instâncias governamentais, bem como de todos os aspectos morais em nada seguiam qualquer padrão que não fosse dos interesses próprios de uma colonização extrativista.

A banalização das práticas ilícitas — da formulação das leis que beneficiassem os mandantes de plantão — algo que esteve na base da formação cultural de uma sociedade que acabara de nascer, sentencia a forma que a sociedade terá no seu desenvolvimento. Poderíamos dizer que o contorno às leis — ainda que precárias — era a principal característica desse período. Poderíamos dizer que se tratava de uma verdadeira perversão social, conceito que ainda veremos no próximo capítulo. É importante não perdermos de vista que a construção da cadeia de símbolos se inicia, já solidificando um poder público fraco e com vícios de operação. A ilicitude era prática sistêmica na sociedade colonial brasileira, diz Romeiro em sua obra.

Chega a ser surpreendente que esse tema tão importante da formação da sociedade brasileira tenha despertado tão pouco interesse em autores nacionais. Contudo, vários pensadores estrangeiros que se dedicaram à formação cultural brasileira, visitaram a questão. Um exemplo é Stuart Schwartz, um historiador americano — nascido em 1940, ainda vivo, que escreveu um livro intitulado *Sovereignty and society in colonial Brazil: the high court of Bahia and its judges (1973)* — sem título em português. Nessa obra, Schwartz analisa o Tribunal de Relações da Bahia. Esse tribunal, implementado em 07 de março de 1609, era um tribunal judicial de segunda instância — um tribunal de apelação na Colônia. No caso específico do Brasil, esse tribunal era presidido pelo Governador-Geral do Brasil, e sua estrutura era composta de dez desembargadores. Obviamente composto por membros da coroa portuguesa — portugueses de nascença — o tribunal funcionou como o único tribunal superior da colônia até 1751, quando foi criado o Tribunal da Relação do Rio de Janeiro.

Portanto, estamos falando da mais alta corte do país que funcionou por cerca de 150 anos. Pois bem, voltando a Schwartz, o autor nos fala que ao contrário da imagem de austeridade que os magistrados deveriam manter para a lisura e importância da instituição, o que se viu foi um processo que ele chamou de "abrasileiramento" da burocracia. Segundo o autor, os magistrados subverteram os padrões de isenção e imparcialidade a que estavam obrigados, a despeito de normas rigorosas destinadas a impedir o envolvimento desses magistrados com a sociedade local. O autor relata práticas recorrentes de ilícitos, como a concessão de autorização para matrimônios sem licença especial, ou a limitação de período de permanência na colônia, tudo em prol da construção da parceria com a elite local, evidentemente, auferindo régios benefícios por tal.

Quando um magistrado tido como a mais alta referência da justiça, responsável por fazer valer os mais altos códigos de convivência em sociedade falha, quebra-se um dos elos principais da cadeia de símbolos que sustenta a base moral da sociedade. Esse ponto é revelador numa sociedade que dava seus primeiros passos de vida. A referência moral do Estado teve bases bem comprometidas nesse momento da história.

Vale aqui o registro de um conceito importante que caracterizou a formação das colônias ultramarinas da época, que muitos historiadores a visitaram. Estamos falando da chamada Economia do Dom. Esse termo, derivado do conceito de dádiva de Marcel Mauss (1872-1950) — um sociólogo e antropólogo oitocentista francês — tem sua lógica na mercê como retribuição. Esse ato compreende a ação de dar, receber e retribuir. Para Glaucia Peixoto Dunley (2011), Psicanalista e pós-doutora em Comunicação e Cultura (ECO/UFRJ) em seu artigo/resenha Ensaio sobre o Dom, de Marcel Mauss: um compromisso com o futuro da psicanálise, Mauss afirma que:

> [...] *O dom era uma forma originária ou arcaica da troca que obrigava uma retribuição, embora fosse aparentemente livre e gratuito. Ou seja, antes da troca (contrato de reciprocidade) existe o dom — que não é incondicional nestas sociedades, uma vez que apela compulsoriamente para que seja feita uma retribuição (um outro dom por parte daquele que recebeu). Entretanto, esta troca era realizada em condições muito diversas do um mero toma-lá dá-cá da troca mercantil, que preza a forma utilitária da reciprocidade.* (DUNLEY, 2011, p. 197).

Os presentes ou serviços voluntários escondiam uma reciprocidade obrigatória, na qual não havia uma equivalência de valores, mas se configuravam em um ato da dívida que permanecia. Portanto, dispor de um bem para a formação de alianças e para a imposição do respeito e institucionalização da posição de poder, passava a ser decisivo no processo de troca. A Economia do Dom, nos moldes dessa definição, esteve na base da formação colonial do Brasil. Aliás, esteve na base da colonização do novo mundo: a América portuguesa e a espanhola.

Romeiro aborda a questão e nos fala da base da estruturação das relações da sociedade, assentada em dois conceitos correlatos: a economia do dom e conceito de rede. A reciprocidade e a abrangência ou a incorporação do corpo social local, com o patrocínio da corte, patrocínio esse não no sentido econômico-financeiro, mas verdadeiramente pela leniência do instituto. Em outras palavras, era o dar e receber de cima e a horizontalidade das trocas em prol da manutenção de um status e do processo de enriquecimento e de poder em baixo. Era importante a captura do corpo local de forma a manter o controle da formação do poder local.

Antônio Manuel Botelho Hespanha (1945-2019), um historiador e jurista português, dos mais citados internacionalmente, também é citado por Romeiro sobre esse tema. Romeiro destaca uma citação de Hespanha: "no antigo regime os oficiais régios gozavam de elevada autonomia a começar pelos vice-reis e governadores, que conseguiam criar um espaço de poder autônomo efetivo" (ROMEIRO, 2017, p. 42). É nesse espaço que Hespanha nos diz que se situa "o sistemático incumprimento ou descaso da lei e do direito, o contrabando generalizado, os abusos e usurpação dos poderes locais" (ROMEIRO, 2017, p. 42).

Contudo, na interpretação de Hespanha, tal comportamento não caracterizava a corrupção da República. Isso porque, segundo ele, a autonomia dos funcionários não contrariava a lei, pelo contrário, resultava na própria concepção corporativa da sociedade — do pluralismo político que caracterizava a sociedade da época. "As relações clientelistas e de fidelidade inseridas na economia do dom e regidas pela amizade e pelos afetos, estruturavam o imaginário político da Época Moderna, configurando um sistema normativo que se impunha também na esfera institucional e jurídica" (ROMEIRO, 2017, p. 42).

Para o nosso estudo, entender que a referência do Estado, na formação do início da sociedade, é o fato principal da pesquisa. É dessa forma que as gerações seguintes se referenciaram. Romeiro afirma que a corrupção serviu como mecanismo de compensação aos parcos salários pagos pela Coroa, como já vimos aqui. Entretanto, a condição velada que se punha era: o respeito às receitas régias e a discrição ao agir. Aqui, vale o registro de uma variável de enorme importância a todo esse processo: a distância do poder central. O fato de encontrarmos referências quanto à operação ser de forma discreta nos revela que existia a consciência de que as coisas não seguiam a moral existente, pelo menos a que era aparentemente pregada pela Coroa. O relato da forma discreta pressupõe o contorno a algo que não deveria ser assumido.

A lei verdadeiramente era reconhecida e deliberadamente negligenciada. Essa é a mensagem que levaremos para o Capítulo 3, como veremos.

Nessa linha, nos diz Romeiro:

Negociação, flexibilidade, equilíbrios políticos — eis os conceitos centrais das análises de corrupção como uma estratégia no interior de um espaço de nego-

ciação, onde os atores conciliam interesses diferentes e, por vezes, contraditórios, num esforço para adaptar o funcionamento das instituições e influenciar a atuação dos agentes responsáveis por elas". (ROMEIRO, 2017, p. 76).

A fragmentação do poder, distante do executivo central e o excesso de atores formaram a sociedade do Brasil nesse período, num ambiente absolutamente propício para as práticas que descrevemos. Os que aqui chegaram estavam dominados por uma mentalidade de conquistas e não hesitavam nas atividades econômicas legais ou ilegais. Sem dúvidas eram ambiciosos e dispostos a melhorarem suas condições próprias, que por certo jamais teriam em suas terras de origem.

Esse processo cria uma elite que se torna local e que a partir de então, passa a ser o verdadeiro poder que se solidifica. Essa elite governa com mão de ferro, sob o ambiente da escravidão. A essa elite tudo era permitido. Ao restante da população — aqui estamos falando dos escravos e afins — era oferecida a letra fria da lei e o rigor de uma austeridade de fachada. Claramente podemos depreender que a corrupção era o privilégio de poucos. Dos poucos da elite que se multiplicava dentro de uma classe absolutamente estamental. Tudo era hereditário. E tudo funcionava dentro do estamento da classe. Se pudéssemos antecipar aqui uma mensagem para caracterizar esse momento da história do Brasil, poderíamos arriscar dizendo o célebre ditado popular: *Faça o que eu digo, mas jamais faça o que eu faço*.

Enquanto a Colônia do Norte — que veio a ser chamada mais tarde de Estados Unidos, dava seus primeiros passos para o estabelecimento de uma república — através de guerras — a colônia portuguesa preservava seu conservadorismo e mantinha a ferro e fogo o estamento dominante. Vemos essa condição na história brasileira por todo o período colonial, entrando pelo período do Império. Estamos falando de mais de 350 anos de história.

Mas vamos continuar com relatos de mais um autor que merece destaque. Falamos de Ernst Pijining, um historiador que atualmente é professor titular da *Minot State University* e Docente Colaborador da Universidade Católica de Goiás.

Pijining em um de seus artigos intitulado Contrabando, ilegalidade e medidas políticas no Rio de Janeiro do século XVIII (2001), disponível pela Scielo, nos postula um conceito que expressa bem essa fase colonial, ele diz: "as ambiguidades e imprecisões tornaram-se a força, em vez da fraqueza, da administração colonial brasileira". Por certo que a economia se equilibrava na flexibilidade de todo processo administrativo diante da conjuntura da coroa. Portanto, achar que o ambiente colonial era débil, na verdade era a sua força de resistência a qualquer movimento eventual de ruptura. A força estava justamente nessa debilidade. Esse foi o DNA da formação.

O ciclo do ouro no Brasil, com olhos de Pijining, tem na prática do contrabando um de seus focos principais de sua análise. Ele nos diz:

> *O comércio ilegal possuía duas faces: atividades comerciais, que eram completamente proibidas, e a evasão de impostos pagos sobre produtos. As duas maiores regras para o comércio dentro do império português eram de que todo o comércio de e para as colônias portuguesas, especialmente o Brasil, deveria passar por Portugal, e que todas as exportações de ouro de Portugal para nações estrangeiras eram proibidas por lei. Essas exportações de ouro eram uma parte essencial da economia portuguesa, pois o ouro equilibrava a balança comercial de Portugal em relação à maior parte dos países europeus e, assim, as autoridades portuguesas procuravam impedir o comércio direto com o Brasil a todo custo* (PIJNING, 2001).

Essa é uma grande demonstração do que afirmamos aqui sobre as principais intenções coloniais de Portugal: a extração e o sustento da Coroa. Esses aspectos deixavam a mensagem para os locais no Brasil de que a matriz em nada se preocupava com a Colônia, e que esses locais deveriam apenas sustentar Lisboa. Podemos depreender que tal sentimento, recorrente por séculos, acaba por incentivar a prática do delito. Do contorno da lei. Da efetiva perversão social nos termos do contorno daquilo que não se desejava reconhecer como moral.

Essa marca é tão forte no Brasil Colônia que se introjeta como *modus operandi* na atividade econômica e, por conseguinte, no desenvolvimento social do país. A distinção do que é legal do que é ilegal passa a ser uma atividade de difícil identificação.

A administração do império português era caracterizada por um alto grau de centralização, especialmente eficiente em cidades portuárias como o Rio de Janeiro. É nítido ver essa herança no Estado do Rio de Janeiro. Ainda que não seja o objeto dessa pesquisa, uma comparação entre estados da federação, o Rio é claramente detentor de um ambiente que não se vê em outras unidades — essa é uma percepção desse autor.

Como dissemos, nossa intenção não era fazer um estudo historiográfico detalhado. Assim, penso que já atingimos o que pretendíamos demonstrar. Já temos evidências suficientes para concluirmos que a corrupção era — nesse momento da história — uma prática institucionalizada, contudo, uma prerrogativa de poucos. Essa prática foi trazida pelos primeiros exploradores e esteve na base da formação do Poder Público que se instalou. Essa foi a referência que a sociedade teve, no momento de sua formação. É como essa mensagem que passamos ao próximo momento da história brasileira. Qualquer abordagem adicional penso que seja meramente redundante. Vamos à monarquia, portanto.

As repúblicas acabam pelo luxo;
as monarquias, pela pobreza.

Montesquieu

2.1.2. Da Monarquia à República

O momento imperial foi uma fase da história brasileira iniciada em 1822, quando o Brasil se tornou independente. Neste período, o Brasil é organizado como uma monarquia, sendo governado por um imperador, cujo poder era transmitido de maneira hereditária — ainda que o país se tornasse constitucionalista a partir de 1824. Cabe lembrar que os EUA já viviam a condição de república desde 1776 e que tal posição foi alcançada através de guerras. A história nos conta a enorme diferença que isso faria para as sociedades contemporâneas. A monarquia brasileira se estenderia até 1889 e seria dividida em três períodos: Primeiro Reinado (1822-1831); Período Regencial (1831-1840) e Segundo Reinado (1840-1889).

A independência de um país é aquilo que há de mais importante em sua história, sobretudo para os países do novo mundo que acabaram de nascer. Pressupõe-se que a partir daquele momento, seu povo decida de forma absolutamente autônoma seus caminhos. Grandes nações no mundo conseguiram suas independências através de guerras. Hoje vemos que a identidade que esse ato impõe é decisiva na constituição da cultura que a sociedade passa a ter.

O momento da independência em 1822 tem um fato predecessor que é a vinda da família Real de Portugal para o Brasil em 1808, fugindo da dominação de Napoleão na Europa. Toda a Corte "significativa" de Portugal se muda literalmente para o Brasil. Há relatos da vinda de mais de 10 mil pessoas — imaginem a dimensão desse deslocamento — considerando o fato de que o transporte era feito apenas de caravelas.

Mas voltemos ao nosso olhar do malfeito, agora dentro dessa significativa mudança nos rumos da história do Brasil — que foi a mudança da condição do Brasil, de colônia, para a capital do reino em si. O famoso historiador brasileiro Laurentino Gomes, autor dos livros "1808", "1822" e "1889" em artigo publicado no jornal O Globo de 05 de setembro de 2015, por Clarissa Pains, sob o título Historiadores resgata episódios de corrupção no Brasil Colônia e na época do Império nos conta que no dia em que Dom João — então rei de Portugal e pai de Dom Pedro I — desembarcou no Rio de Janeiro, em 1808, ele recebeu "de presente" de um traficante de escravos a melhor casa da cidade, no mais belo terreno. Ceder a Quinta da Boa Vista à família real assegurou a Elias Antônio Lopes um status de "amigo do rei" e foi seu visto de entrada para os privilégios da Corte.

Laurentino nos conta que nos anos seguintes, este comerciante ganhou muito dinheiro, além de títulos de nobreza. Era prática comum o toma lá dá cá. O autor complementa que os negócios públicos e privados já se confundiam no Brasil Colônia, mas essa ligação se estreitou muito com a vinda da Corte portuguesa, quando se instaurou o costume da "caixinha" — porcentagem de dinheiro desviado — e da troca de dinheiro por títulos de nobreza. Não percamos de vista que estamos em 1808, e não nos dias atuais.

Voltemos, então, a D. João VI, que nos oito primeiros anos em terras brasileiras, distribuiu mais títulos de nobreza do que em 700 anos de monarquia portuguesa. Portugal havia nomeado até então 16 marqueses, 26 condes, 8 viscondes e 8 barões. Apenas nos primeiros 8 anos da transferência da Corte, o Brasil viu surgir 28 marqueses, 8 condes, 16 viscondes e 21 barões. Obviamente, todos esses atos eram prontamente absorvidos por toda a população local — embora a comunicação não fosse o que temos hoje. Mas tais atos eram de domínio público e bem entendidos em suas razões e consequências.

Não fosse suficiente mais de 300 anos de colônia, a sociedade brasileira viveria — agora *in loco* — a prática dos malfeitos sendo prescrita pela mais alta instância do poder moral existente — chamo a atenção para essa questão. Falamos em algum momento na pesquisa que a distância era fator importante para a prática do malfeito. Contudo, agora, a sociedade via com seus próprios olhos que a mais alta instância — "o Pai" — o monarca principal — era a fonte principal do ilícito. Isso aqui é uma clara crítica ao poder do Estado.

No início do trabalho falamos em cadeia de símbolos. Imaginem que já visitamos 300 anos de história e os exemplos seguem os mesmos. O que podemos dizer da cultura estabelecida na sociedade, e deixada como herança. Será que já podemos estabelecer parâmetros de comparação com a história contemporânea que vivemos? Podemos dizer que o que vemos hoje não tem raízes no passado do país? Será que a política de hoje não acha par na política que foi estabelecida por ocasião de sua inauguração no Brasil?

Ainda no artigo que selecionamos, Laurentino Gomes cita o historiador Pedro Calmon (1902-1985) que trouxe um ditado popular desses tempos, mais ou menos assim: "para ganhar título de nobreza em Portugal, eram necessários 500 anos, mas, no Brasil, bastavam 500 contos". Ou "quem furta pouco é ladrão, quem furta muito é barão e quem furta mais e esconde passa de barão a visconde". É interessante notar que o humor sempre fez parte da história do malfeito no Brasil. Aliás, como vemos, também, em nossos dias. Será que é o que nos resta?

Segundo a pesquisa de Laurentino, a inspiração para o "versinho" veio de dois importantes homens da época, que ganharam o título de barão e, logo em seguida, de visconde, graças a muita sonegação de impostos. Joaquim José de Azevedo (1761-1835), o Visconde do Rio Seco, e Francisco Bento Maria Targini (1756-1827), Visconde de São Lourenço, são considerados os principais representantes da corrupção da primeira metade do século XIX.

Laurentino faz um comentário que é muito relevante em nossa análise. Ele nos diz que os mais pobres também teriam sido incentivados a se corromper por conta do excesso de burocratização do país. Incluímos aqui mais um importante elo na cadeia de símbolos que montamos ao longo dessa pesquisa. A moral e as boas práticas definitivamente não eram algo que preservávamos. Essa era a lição que dávamos as gerações seguintes. Contudo, a repressão era muito violenta nas classes menores, o que limitava os malfeitos às classes superiores.

Laurentino ainda nos relata que na época da constituinte de 1822 a 1823, um comerciante chegou a enviar uma carta ao governo afirmando que conseguiu um alvará para servir comida em seu restaurante, mas que, depois disso, funcionários públicos passaram a exigir um alvará para servir café. Ora, quem pode servir comida não pode servir café? Quando as pessoas são expostas a situações como essa, são forçadas a pensar na corrupção como saída — destaca o autor que complementa que a corrupção mais vultosa ficava mesmo por conta dos assuntos do reinado. Embora grande parte da população não entendesse como corrupção o fato de o rei e seus ministros se apropriarem do dinheiro público para fins particulares, ao contrário, era até esperado que eles fizessem isso, há vestígios de que algumas pessoas condenavam essa postura. É importante essa consideração de Laurentino para demonstrar que a distinção entre a coisa certa e a coisa errada era muito tênue. Na formação de uma sociedade de um país jovem, totalmente estratificado, o que esperar das gerações futuras?

Um fato importante pontuado por Laurentino cabe muito bem nesse momento histórico. Ele nos diz que especificamente no Brasil, o afastamento do Homem Comum da vida política foi fundamental para a criação da cultura da passividade em relação aos negócios públicos. Esse fato, que vem de longa data, justifica a aversão da população pela política. Esse sentimento, também relatado por outros pesquisadores, perpassa seguramente o século XIX e chega aos dias de hoje, com notória visibilidade. Essa ausência deliberada, não deve ser observada como uma debilidade do sistema. Mas sim como a força do seu processo de perpetuação.

O povo, desde sempre no Brasil, foi incentivado a ficar à margem da política. Ele acrescenta que desde a época da colônia, o Brasil foi construído de cima para baixo, sem que a maioria da população fosse autorizada a dar palpite. Como consequência, hoje, somos um país messiânico, de salvadores da pátria. As pessoas fogem da atividade política, desprezam os partidos, não ligam para sindicatos e associações de bairro, mas todos esperam muito do Estado como uma criança que cobra desesperadamente seus pais, sem ter a consciência de seu papel. A corrupção no Brasil nasceu em cima e sempre foi um privilégio dos nobres e dos intitulados.

Para complementar a análise desse momento da história, selecionamos a obra *Brasil: Uma Biografia* (2015), das historiadoras brasileiras Lilian Schwarcz e Heloisa Starling, muito atual e reconhecida na academia brasileira. Iniciamos a análise com uma passagem bem oportuna das autoras:

> *Com tantas fragilidades, o Império brasileiro nascia escondendo fraquezas estruturais. O lema parecia ser aquele utilizado pelo personagem Tancredi, no roteiro que Visconti fez para o romance de Lampedusa, O leopardo: "se queremos que tudo continue como está, é preciso que tudo mude"* (SCHWARCZ, 2015, p. 232).

Esse era claramente o lema da continuidade implementado pelas elites, que chegaram aqui por ocasião da colonização e, passaram a dominar toda sociedade, beneficiando-se do sistema. Quando analisamos a leniência da população no combate a tudo aquilo que lhe é nocivo, vamos encontrar na sua base essa formação.

A classe governante sempre "supriu" as necessidades "aparentes" do povo em troca da sua estabilidade. Isso é característico das sociedades estamentais, que foi a base da nossa formação. A história do Brasil não registra posições jacobinas. Tudo sempre foi decidido em cima e a pobre sociedade — debilitada por natureza — sempre se conformou com a situação. Esse é mais um importante elo na cadeia de símbolos que montamos aqui: a leniência e a cooptação.

As autoras pontuam que não se tocava na escravidão, na monocultura ou nas grandes propriedades. A Constituição de 1824 a ignorou. Também não se discutiam as diferenças políticas, bem como a questão fundamental da distribuição de poder entre a autoridade nacional e as demais autoridades provinciais. Os funcionários régios detinham o poder total da nação.

Peço licença ao nobre leitor para relatar algo que acabo de ler enquanto reflito sobre o texto que escrevo aqui e que tem total sinergia com os relatos que apresentamos. Relato do autor:

Trata-se da coluna do jornalista Guilherme Amando da Revista Época, *publicada hoje 21 de fevereiro de 2020, intitulada "Com salários de R$ 42 mil, subprocurador reclama a Aras de remuneração da PGR: É aflitivo". Segundo o Jornalista, o subprocurador Nívio de Freitas reclamou diretamente ao Procurador Geral Augusto Aras de sua remuneração "muito preocupante". Sua remuneração bruta é R$ 42,2 mil e que os proventos de janeiro de 2020 com os benefícios e gratificações chegou a R$ 74,9 mil. A reclamação foi feita em uma reunião extraordinária do Conselho Superior do Ministério Público em 29 de novembro de 2019. Vale lembrar que segundo o Instituto Brasileiro de Geografia e Estatística (IBGE), 54 milhões de brasileiros receberam em média, R$ 928 mensais em 2018. Esse contingente representa 60% dos trabalhadores brasileiros. O mesmo instituto destaca que a média salarial do Brasil em 2018 foi de R$ 2.340,00.*

Parece, nobre leitor, que o tempo não passa nesse país. Os fatos se repetem na forma mais deletéria que podemos prever. É a máquina pública se reinventando a cada momento.

A independência do Brasil não foi assim um processo de alta tensão. Mas é importante deixar claro que não foi conquistado através de guerras, como o exemplo dos EUA. Não foi uma emancipação do povo. As pressões externas e internas cresciam contra o monopólio comercial português e, sobretudo, as cobranças de altos impostos numa época de liberação do comércio, destaca Lilian Schwarcz e Heloisa Starling. Nessa época o Brasil vive diversas revoltas, como por exemplo: a Inconfidência Mineira, a Conjuração Baiana, a Revolta Pernambucana de 1817, tudo isso tendo como pano de fundo a Revolução Francesa e a Independência dos Estados Unidos que ditavam um liberalismo que era cobiçado por todos.

Era inevitável, portanto, o enfraquecimento do colonialismo e o estabelecimento do liberalismo comercial no Brasil. Assim, a história conta que os assessores políticos de Dom Pedro I o pressionaram a um rompimento com Lisboa, mas mantendo certos vínculos com Portugal. Dom João relata de forma célebre que já que a independência seria inevitável, que fosse feita para Dom Pedro I, seu filho. Aqui, o que cabe destaque é que o desejo dos que fizeram a independência era a implementação de um processo sem traumas.

Seguramente a independência foi uma revolução por cima. Uma clara prova de que ao povo coube mais uma vez aceitar aquilo que acontecia. Contudo, segundo as autoras, Portugal, a pátria-mãe, demorou a aceitar a independência, e só o fez em 1825. E, pasmem, Portugal ainda exigiu que fosse pago o valor de todos os objetos e equipamentos deixados no Rio de Janeiro. Segundo as autoras a conta era extensa em itens e implicava debitar ao Brasil, metade da dívida pública contraída até 1807 com a Inglaterra. Algo impagável — 12899:856$276 réis. Isso demonstra o que foi o processo de colonização, sobretudo, quando não se tem uma ruptura nos moldes do que vimos nos EUA. A opressão da sociedade que tudo aceita foi decisiva. Restou à sociedade pagar a conta. Estamos no ano de 1822 e não nos dias atuais.

A partir daí segue o Brasil de Império, latifundiário sob o signo das *plantations*, produtor da cana de açúcar, do café, da produção do ouro e tantas outras mais, tudo movido pela grande força escrava — por certo um dos negócios mais lucrativos desde os tempos de colônia. Lilian Schwarcz e Heloisa Starling estimam que entre meados do século XVI e meados do XIX o Brasil tenha recebido cerca de 4 milhões de escravos, cerca de 40% de todo o contingente trazido da África. Veremos ainda na pesquisa a influência desse contingente na formação da sociedade, quando analisarmos os censos demográficos.

Nessa época ocorre um fato muito marcante, com forte aderência ao tema da pesquisa. A Grã-Bretanha pressionava ostensivamente a abolição da escravidão no Brasil, por questões políticas e comerciais, visando à manutenção do seu império mundial que ganhava substanciais proporções — e usava o fato de ter sido o grande protetor de Portugal por ocasião da vinda da família real como forma de persuadir o Brasil pela abolição. A produção brasileira, barata pela mão de obra escrava, era um empecilho à progressão do comércio inglês. Entretanto, as elites rurais brasileiras, que dominavam a cena política não admitiam tal hipótese. O governo brasileiro tentava de todas as formas postergar a abolição, estabelecendo recorrentes tratados, que visavam apenas retardar qualquer movimento nessa direção.

Todo esse processo culmina com a Lei que ficou conhecida como a Lei Feijó — Diogo Antônio Feijó (1784-1843) que foi um sacerdote e político brasileiro e um dos autores da Lei — proclamada em de 7 de novembro de 1831, sendo a primeira lei a proibir a importação de escravos no Brasil, além de declarar livres todos os escravos trazidos para terras brasileiras a partir daquela data. Tal Lei foi a maior evidência de completo desrespeito à legislação, não só por parte dos proprietários escravistas, mas por parte do próprio Estado, nos conta o historiador doutor Luiz Gustavo Santos Cota em seu artigo Não só "para inglês ver": justiça, escravidão e abolicionismo em Minas Gerais (2011). Para o autor, a ameaça de punição não intimidou os "importadores", que contavam com a completa conivência do governo imperial, que procurava fechar seus olhos aos atos de pirataria. O fato do corpo de funcionários do Estado responsável pela apreensão e julgamento dos contrabandistas, ser em grande medida formado por proprietários escravistas ou correligionários políticos a estes ligados, dificultava ainda mais a aplicação da lei.

Como podemos ver, os desmandos do poder público eram evidentes. Isso transbordava a sociedade, digo as elites, que desfrutavam do ambiente de completa anomia. Cota cita Robert Conrad, que em seu livro *Os últimos anos da escravatura no Brasil*, destaca que nas duas décadas que se seguiram após a promulgação da lei Feijó, os traficantes de escravos tiveram liberdade quase completa, com "conhecimento e aprovação total da maioria dos regimes brasileiros", fato claramente observado por representantes estrangeiros, que relatavam às suas nações a conivência das autoridades brasileiras com o "tráfico tão ousado quando horroroso" (CONRAD, 1978, p. 32-33).

Os cerca de 300 anos de Brasil colônia ainda deixam as mesmas práticas, sobretudo, na referência daqueles que deveriam manter a moral e os bons costumes. E Conrad continua dizendo que residia nesse amplo e desavergonhado desrespeito legal a origem de uma das expressões de uso mais popular entre os brasileiros: "lei para inglês ver". A lei de 1831 foi, assim como outras tantas leis criadas em solo brasileiro, uma promessa feita sem a intenção de ser cumprida.

Cota destaca que a completa inobservância da lei de 1831, assim como os diversos tratados estabelecidos anteriormente — que foram igualmente subvertidos — garantiu a escravização de milhares de africanos e seus descendentes até a abolição em 1888. Cota cita uma fala de Luiz Felipe Alencastro — historiador e cientista político brasileiro, autor de diversas obras historiográficas, que em audiência pública sobre a adoção de cotas para negros nas universidades públicas brasileiras, realizada no Supremo Tribunal Federal no ano de 2010, disse que o "pacto dos sequestradores constitui o pecado original da sociedade e da ordem jurídica brasileira", mais ainda, estava fundado ali "o princípio da impunidade e do casuísmo da lei" que marcam a história brasileira até os dias atuais (COTA, 2011, p. 70).

Esse é o marco que nos interessa diante daquilo que pregamos aqui. O poder público, aqueles que deveriam zelar pela lei e pela ordem, literalmente não o faziam. Pensavam apenas nos interesses particulares. É importante registrar que o espírito de coletividade e por que não dizer um espírito republicano, não teve qualquer registro significativo na história brasileira, pelo menos até aqui. Esse era o alicerce da moral social que se solidificava no país.

Voltando à cadeia de símbolos de que tanto falamos, incluímos agora um importante e significativo elo que marca a institucionalização da perversão social — marco que iremos ainda detalhar — mas que por ora vale apenas esse registro. Passava legítima, portanto, a contravenção, embora os tempos já fossem outros desde o período de colonização.

Neste mesmo ano que relatamos a Lei Feijó, teremos um acontecimento que, não cometeríamos nenhum exagero em dizer, se trata de um dos maiores divisores de água na história da formação social brasileira, sobretudo, sob o olhar que tratamos aqui. Estamos falando das Regências. Depois de ter publicamente dito à nação que ficaria, D. Pedro I profere sua abdicação ao trono do país em prol de seu filho D. Pedro II, então com 6 anos de idade. Não fossem todos os desmandos até então, a monarquia passaria às mãos de um líder que não passava de uma criança. Que mensagem poderíamos esperar que a sociedade tivesse com essa referência?

Politicamente, abriu-se um vácuo político que liderou a imaginação popular, com graves e importantes resultados, diz Lilian Schwarcz e Heloisa Starling. Segundo as autoras, a questão sucessória incendiou as demais províncias, que agora, sem um rei no poder, passariam a contestar a legitimidade dos novos governantes, os quais estariam excessivamente voltados para a lógica da corte carioca (SCHWARCZ, 2015, p. 243).

O que se viu a partir daí foi um longo período de grandes revoltas e revoluções em todo o país, que só o expuseram a uma falta de identidade social. A referência de governo, ou do que existia, foi literalmente "derretida". Politicamente o Brasil passou a ser governado então pelas Regências, que na prática eram formadas por grupos de influentes políticos que agiam em nome do rei menino. Foram quatro no total e se seguiram de 1831 a 1840, quando o rei D. Pedro II foi emancipado.

Literalmente, a história mostra que os nove anos de regências foram de completo caos para uma nação de grandes terras e sem uma identidade solidificada. Pela Constituição vigente o monarca só poderia ter sua posse aos 18 anos, mas como a situação ficou insustentável com tantas revoltas, desmandos e tudo que mais que um longo processo de anomia poderia oferecer, o parlamento cria o que ficou conhecido como o golpe da maioridade e D. Pedro II passa a ser o imperador supremo da nação do alto dos seus 15 anos de idade.

Nos reportemos à questão da cadeia de símbolos onde mais um importante elo está sendo incorporado. Mudam-se as Leis para que seja adaptada uma situação que somente favorecia a elite que dominava o país.

Nesse aspecto, Lilian Schwarcz e Heloisa Starling nos dizem que as Regências representavam a anarquia e a terra do demônio, enquanto a monarquia o símbolo do estado "normal" e a prosperidade. As regências, a vaidade; o império a sabedoria, as ciências e a virtude cívica. [...] a história estava assim sendo manipulada, no sentido de mostrar coerência e continuidade entre passado e futuro. (SCHWARCZ, 2015, p. 243). Esse é o elo que ressaltamos. Que sociedade teríamos com toda essa influência? São essas questões que se acumulam e são passadas de filho a netos na formação social.

Segundo as autoras Lilian Schwarcz e Heloisa Starling, o período que vai de 1841 a 1864 — a partir do processo de maioridade — representa a consolidação do segundo reinado já com as rebeliões regenciais da Bahia, Pernambuco e Maranhão devidamente debeladas. Nesse momento, o Gabinete da Maioridade anistia os "rebeldes" que se entregaram às autoridades e assim o término das rebeliões separatistas foi celebrado como um novo começo, acima das possíveis divisões partidárias.

No momento em que escrevo esse texto, está sendo nacionalmente discutida a paralisação dos militares da polícia do Ceará. Ainda que expressa na Constituição Federal em seu artigo 142, a proibição de greves de militares, o processo caminha para anistias, aliás, como já registrado em outras tantas oportunidades. Os sociólogos José Vicente Tavares dos Santos e Ana Paula Rosa, do Programa de Pós-Graduação em Segurança Cidadã, ambos da UFRGS, publicam uma pesquisa no jornal *O Globo* de 01.03.2020 em que informam que, mesmo proibida pela Constituição, o Brasil viveu um aumento de casos de paralisações a partir de 2013, que se registrou um número de 80 naquele ano, o mesmo visto em 2014. Em 2015 foram 43, em 2016, 77 e em 2017, 49. O estudo é mais extenso e, contempla anos anteriores com paralisações, em números menores.

Os exemplos são incrivelmente recorrentes. A transgressão às Leis se renova com uma normalidade que beira a banalidade. Para cada caso relatado aqui no passado histórico, poderíamos com certa facilidade achar um par de acontecimentos recentes no país, sempre com o mesmo modelo de comportamento social. Estamos, portanto, reportando a corrupção do poder público na história nacional, que em algum momento alcançará o Homem Comum brasileiro, que perderá as restrições para transgredir.

Mas, voltando à questão do monarca emancipado, que ao completar 18 anos, foi lhe arranjado um casamento para que a credibilidade de seu reinado fosse definitivamente consolidada, isso ocorrera por volta de 1843. E as autoras Lilian Schwarcz e Heloisa Starling nos dizem que o importante é que publicamente a virilidade do monarca fosse recebida como sinal de maturidade, e não foi por coincidência que nesse momento o imperador passou a se inteirar mais das questões do Estado. (SCHWARCZ, 2015, p. 273). Na sequência, em 1850, após insustentável pressão tanto interna quanto externa, o Brasil aprova uma Lei, conhecida por Euzébio de Queiroz (1812-1868) — magistrado e político, que acaba com a entrada de escravos no Brasil, ainda que a escravidão fosse mantida no território e, abolida apenas em 1888.

Contudo, essa Lei, que efetivamente passou a vigorar, muda o panorama do comércio de negros no Brasil, de forma definitiva. É importante relatar que o Brasil já tinha uma Constituição promulgada em 1824 e que em nada atacava a escravidão. Toda a elite brasileira sempre se posicionou contra o fim da escravidão. Esse movimento da proibição do tráfico de escravos no Brasil em 1850 será um precursor distante, para o abalo da sustentação da monarquia que sofrerá seu golpe definitivo em 1889 com a proclamação da República. Aliás, literalmente um golpe. Outro movimento que seria deflagrado a partir dessa modificação na vinda de escravos foi o início do processo de colonização com estrangeiros que se deu a partir de 1860.

Segundo Lilian Schwarcz e Heloisa Starling, o governo passaria a financiar a vinda de imigrantes europeus, medida que segunda a lógica do próprio governo, traria "novo benefício", como o branqueamento da população, apregoado pelas teorias científicas da época (SCHWARCZ, 2015, p. 273). Havia um temor de que o Brasil se tornasse um Haiti. Para se ter uma ideia dessa dimensão, em 1849, o Rio de Janeiro contabilizava 110 mil escravos para uma população de 266 mil habitantes. Esse movimento interfere na formação social, principalmente, na região sul do Brasil.

Temos assim o extrato da formação da sociedade do período monárquico. O que se viu a partir daí foi a continuidade da formação social do Brasil, com uma óbvia influência europeia. Segundo as autoras, o modelo era a Paris burguesa, contudo, a realidade local oscilava entre bairros elegantes e as ruas onde só se notava o trabalho escravo e dos libertos. A cidade do Rio de Janeiro, naquele momento, era o que havia de mais significativo pela presença próxima da corte. O contraste social, contudo, era agudo, contrate este em que de um lado estava a corte e sua luxúria e do outro a população de escravos e recém libertos, à disposição dessa casta que vivia desse enorme contingente de verdadeiros miseráveis.

Lilian Schwarcz e Heloisa Starling nos contam que a realidade acintosa nas ruas, bem como nos sobrados de maior ou menor porte, a escravidão urbana variou conforme a característica das cidades e a posse dos senhores. O que resta é saber que havia uma clara divisão hierárquica: casas abastadas com pajens, moleques de recado, amas e criados de quarto e toda sorte de empregados bem-vestidos servindo às poucas famílias de posses e do outro um enorme contingente de casebres de mulheres solteiras ou viúvas.

Podemos depreender que na base da formação social brasileira se encontra essa violência de classe que vai permear todo o tecido social, num passado de não mais que 150 anos.

Tínhamos assim a formação dos novos personagens: escravos de ganho cujo trabalho era cobrado por dia ou por jornada e percorriam as ruas atrás dos bicos que pudessem atender, os carregadores de objetos de grande porte tais como toneis pianos etc., e, segundo relatos, entoando cantos que pudessem ser identificados. Tínhamos também as vendeiras e quituteiras, que dispunham dos seus préstimos a todos. Muitas delas constituíam pecúlios e, ao se alforriarem, constituíam famílias a partir da compra de escravos jovens que também eram alforriados na sequência.

E dessa forma se davam os laços sociais da base. Lilian Schwarcz e Heloisa Starling concluem:

Nesse universo, libertos, homens livres e escravizados formaram, ao lado dos pobres livres, mundos quase invisíveis de laços de solidariedade e ajuda mútua. Montaram universos paralelos ao brilhante teatro da corte, que ganhava então nova escala.

(SCHWARCZ, 2015, p. 276).

Contudo, a corte tinha um claro objetivo de mostrar o lado europeu e moderno. Assim, passou a edificar na cidade do Rio de Janeiro, palácios, jardins públicos e amplas avenidas. Um processo de arborização foi posto em prática juntamente com o calçamento das ruas e a iluminação pública a gás, tudo isso ocorrendo na segunda metade do século XIX. Foi introduzido em 1868 o transporte de bondes puxados a burro bem como o início de uma rede de esgoto. Entretanto, como dizem Lilian Schwarcz e Heloisa Starling, o acanhado das ruas, o odor de esgoto, o serviço urbano dos escravos, o cheiro de maresia, tudo contribuía para a continua decrepitude do local.

Imagino que já tenhamos a necessária descrição do ambiente para inferirmos o estrato social que buscamos para entender sobre a formação da sociedade nesse período. Como vimos no período colonial, se tivéssemos que resumir esse estrato social numa só palavra, eu proporia a palavra distinção. Essa distinção que proponho, opunha em dois lados um mundo dos dominadores e um mundo do dominados. Um mundo das oportunidades e um mundo dos desvalidos e da opressão. Vamos ver que essa distinção de mundos, e estamos falando de gente, formou a sociedade do país, sempre sob o signo da distinção. Esse é o significante elo da cadeia de valores que levamos daqui desse momento da história. E o pior, não estamos tão distantes dela. Esses valores vêm sendo passados de pai para filho numa progressão cultural que é a formação de uma sociedade.

É importante ressaltar que a educação nunca foi prioridade da monarquia. Quando a Corte portuguesa chegou ao Rio, em 1808, cerca de 99% dos brasileiros eram analfabetos. Nesse mesmo momento, a América Espanhola já possuía 22 universidades, enquanto o Brasil não tinha nenhuma. Em 1889, quando o Brasil se tornou uma República, 80% dos brasileiros eram analfabetos. A falta de educação fez toda a diferença em favor de maus costumes e na repetição da cultura do malfeito.

À falta de uma classe burguesa, capaz de regular as relações sociais por meio de mecanismos sociais de mercado, coube ao Estado a construção do comando nacional e de protecionismo econômico, relatam Lilian Schwarcz e Heloisa Starling. Assim, Lilian Schwarcz e Heloisa Starling nos dizem que a elite brasileira poderia ser caracterizada como uma ilha de letrados num mar de analfabetos.

A monarquia se encerra em 1889, mas alguns importantes acontecimentos influenciam diretamente na questão. Um fator importante foi a Guerra do Paraguai — iniciada em 1865. Os gastos da monarquia com a guerra foram enormes, da ordem de 614 mil contos de réis: onze vezes o orçamento governamental do ano de 1864, criando-se um déficit que seria levado até o final da monarquia. Isso impactou muito o desenvolvimento do país, além de ter dado substancial empoderamento ao exército, que lograra a vitória no evento de guerra. Com o término da guerra, as campanhas em prol da República e da abolição da escravidão tomaram a cena política nacional. Em 1871 foi aprovada a lei do ventre livre, que foi entendida para acalmar a oposição, nos dizem Lilian Schwarcz e Heloisa Starling. Segundo as autoras,

> *a medida libertava os escravos que nasceram após a data de sua promulgação, mas não as mães. Então estabeleceu-se que os menores permaneceriam com as progenitoras até os oito anos, quando o senhor optava por receber indenizações do Estado — no valor de 600 mil ou por utilizar os serviços do menor até os 21 anos* (SCHWARCZ, 2015, p. 298).

Há sólidos relatos que os senhores adulteravam a idade na matrícula de nascimentos dos cativos para obter toda a sorte de benefícios e assim retardar qualquer processo de libertação. Essa atitude era tida como verdadeiramente banal e em nada era reprimido. Parece que adulterar datas de nascimentos, ainda comuns nos dias de hoje, para se auferir benefícios de aposentadoria bem como demais benefícios públicos, se perpetua de forma corriqueira.

O que se viu a partir daí, foi uma crescente oposição à monarquia com o crescimento de abolicionistas, republicanos e, sobretudo, o exército, até a abolição da escravidão em 1888, e a proclamação da república. A escravidão foi abolida pela princesa Isabel, filha de

D. Pedro II — que se afastara da cena política do país. Lilian Schwarcz e Heloisa Starling nos dizem que a ausência de D. Pedro II fora proposital e que ele pretendia dar a Isabel a autoria do ato popular e pavimentar sua passagem segura para o Terceiro Reinado. A própria maneira como a abolição foi apresentada fora feita como um presente e não como uma conquista (SCHWARCZ, 2015, p. 310).

Contudo, a falta de indenização pelo Estado selou um rompimento com aqueles que defendiam o trono. Essa elite se bandearia para o lado republicano e assim vimos o fim do império no Brasil. Mais uma revolução por cima onde o povo assiste a tudo de forma absolutamente passiva. Contudo, nos dizem as autoras, certas características vindas de longa data persistiam e foram até aprimoradas, tais como o perfil oligárquico da nação, com novas leis eleitorais que mantinham um reduzidíssimo grupo eleitoral e a eleição de abastados cidadãos elegíveis para cargos públicos.

Podemos depreender que a República foi um produto da ação de uma elite contrária à elite civil do império.

Em mais um momento da história o casuísmo político é posto em pauta, criando um fato popular para a manutenção do status dos que mandavam. O povo não conquistara nada. Suas pretensões e desejos lhes eram arranjados em troca da sua permissividade e mansidão. Era o povo sendo doutrinado a aceitar e jamais se revoltar.

E assim a República foi proclamada. Não como uma conquista, mas como uma conveniência. O povo não tinha condições de, sequer, demandá-la. O povo era oprimido e sem uma formação significativa. As elites proclamaram a República. O Homem Comum levou certo tempo para entender esse movimento e até para usufruir desse novo status. A República se mantém até hoje no Brasil, já são 131 anos. Vivemos nesse modelo político muitas fases distintas, entre ditaduras e governos eleitos. Populistas marcantes e presidentes sem expressão. E o indivíduo, o Homem Comum brasileiro, um observador da cena política assistiu a tudo isso sem revoltas. Pelo menos revoltas armadas. Sempre foi muito pouco ouvido. Mas sempre pagou a conta.

A República brasileira pode ser dividida em várias repúblicas bem distintas. Mas em minha opinião, um dos momentos mais marcantes e significativos aconteceu na década de 30, com Vargas. Um populista dos mais conhecidos, que marcou muito a história brasileira. O Homem Comum foi muito afetado nesse período. Podemos ver que a cultura social ali implementada, mostra profundos reflexos ainda nos dias de hoje. Talvez seja essa a principal razão da minha escolha. De qualquer forma, Getúlio Dornelles Vargas tem lugar cativo na história do Brasil como um dos mais emblemáticos personagens que possivelmente tenha sido bem maior do que o cargo que ocupou. Sem qualquer proselitismo, muito pelo contrário, Getúlio mudou o rumo da história do país para sempre. Por isso, convido ao leitor viajar em mais esse capítulo da história do Brasil.

A Constituição é como as virgens.
Foi feita para ser violada.

Getúlio Vargas

2.1.3. A Era Vargas

Ao longo dessa seção, por certo vamos ver que a importância desse momento é singular na construção do cidadão atual e, por conseguinte, na sociedade do Brasil de hoje. A Era Vargas é a materialização do Estado Unitário. Por acreditarmos na grande importância da herança da Era Vargas na formação da sociedade dos dias de hoje, mudaremos nossa linha narrativa, nos aprofundaremos mais na análise conceitual da política, em detrimento de uma análise mais historiográfica ou factual. Imaginamos que dessa forma caracterizaremos melhor o Homem Comum que dali nasceu e veio bater à porta do contemporâneo. Comecemos nossa viagem então:

Entre o final da Monarquia em 1889, e a Era Vargas, em 1930, o Brasil viveu a Primeira República (deliberadamente não selecionamos esse período para estudo mais detalhado por entendermos que a Era

Vargas contribuiu mais na formação social do contemporâneo). Contudo, como introdução ao período Varguista, e como forma de estabelecer uma ligação entre a Monarquia e a Era Vargas, vamos ver em brevíssimas palavras o que podemos resumir, da contribuição da Primeira República.

O Estado brasileiro, na virada do século XX, é ainda um Estado oligárquico, comandado por uma elite de senhores de terras e por políticos com conceitos puramente patrimonialistas que compunham classes estamentais invioláveis: um estamento aristocrático composto por juristas, intelectuais e militares, que viviam da renda do próprio Estado, como destaca Luiz Carlos Bresser Pereira, em seu artigo "Do Estado Patrimonial ao Gerencial", publicado em seu site em 2001:

> *Tem razão, entretanto, José Murilo, em assinalar que faltava à elite política patrimonialista brasileira do Império poder para governar sozinha. Na verdade, o que tínhamos era uma aliança do estamento patrimonialista com burguesia mercantil de senhores de terra e grandes comerciantes, esta burguesia transformando-se, no decorrer do século XIX, de uma oligarquia principalmente de senhores de engenho para uma oligarquia cafeeira paulista. Tivemos assim um Estado Patrimonial-Mercantil no Império, que se estenderá ainda pela Primeira República* (BRESSER, 2001, p. 6).

Tal é a herança de um Brasil colonial, depois de 67 anos de monarquia, nos quais os limites dos conceitos mais básicos das relações de poder jamais foram ultrapassados pela aspiração de um povo aprisionado nos estamentos públicos. Bresser continua:

> *O papel dominante no Império de um estamento burocrático muito semelhante àquele que dominava Portugal, de origem aristocrática, ligado aqui por laços de família ao patriciado rural, está hoje muito claro. Enquanto os senhores de terra e os grandes comerciantes e traficantes de escravos se ocupavam da economia, este estamento dominava com relativa autonomia o Estado e a política. Havia ali, acrescentaria eu, uma nova classe média, uma classe burocrática, em formação, mas naquele momento tratava-se antes de um estamento de políticos e burocratas patrimonialistas, apropriando-se do excedente econômico no seio do próprio Estado, e não diretamente através da atividade econômica. O mais importante naquele momento, porém, era ainda a marca da colonização portuguesa. Manoel Bomfim, escrevendo nos primeiros anos do século, seu livro clássico, A América Latina (1905), escolheu como subtítulo a expressão "Males de Origem" para salientar que nosso subdesenvolvimento — ou, nas suas palavras, o nosso "atraso geral" — como o atraso dos demais países latinoamericanos, estava intrinsecamente ligado ao caráter decadente das duas nações colonizadoras, Portugal e Espanha* (BRESSER, 2001, p. 5).

Bresser Pereira claramente aponta a herança de uma tradição portuguesa, cuja elite era formada por dirigentes patrimonialistas que viviam da renda do Estado e de terras herdadas. Essa tradição, construída ao longo de todo o século XIX, resiste à figura da Proclamação da República e vai bater à porta da revolução de 1930, no início do Governo Vargas.

Para enriquecer a análise, vamos fazer um contraponto ao modelo de colonização brasileiro, trazendo à cena a obra "Americanismo e Fordismo", onde o filósofo e jornalista Antonio Gramsci (1975) fala, especialmente, da formação da sociedade dos EUA no século XIX. Ao analisar a sociedade europeia, Gramsci a compara com a americana, pontuando diferenças substanciais. Segundo ele, o passado europeu deixou um legado de classes parasitárias, criadas na riqueza acumulada pelas burguesias que gerou uma camada estamental, antiquada e fossilizada: uma burocracia estatal, acrescida de intelectuais que pararam no tempo e complementada por um vigoroso clero que ditava, há séculos, os caminhos da "modernidade". Ao contrário da Europa, diz ele:

> *O americanismo, em sua forma mais complexa, exige uma condição preliminar, da qual não se ocuparam os americanos que trataram destes problemas, já que na América ela existe "naturalmente": esta condição pode ser chamada de "uma composição demográfica racional", que consiste no fato de que não existem classes numerosas sem uma função essencial no*

mundo produtivo, isto é, classes absolutamente parasitárias (GRAMSCI, 1975, p. 243).

Gramsci pensa a sociedade americana como uma sociedade sem a influência de uma classe rentista e parasita. Segundo ele, a América foi criada em sua gênese por uma sociedade sem os anacronismos europeus. É interessante essa reflexão, pois esses conceitos parecem estar na base da diferença que podemos notar entre as sociedades brasileiras e dos EUA.

É pensando sobre essa herança que iniciamos a visita em nossa era republicana da virada do século XX. Para Bresser Pereira, a Primeira República — que vai de 1889 a 1930, foi fruto de um golpe militar que provocou a independência. Bresser classifica, ainda, as "revoluções" de 1930, 1945 e 1964, como outros golpes militares. Para o autor, a partir de 1894, com a eleição de Prudente de Morais (1841-1902), a oligarquia cafeeira volta ao poder e reestabelece a aliança dos tempos do Segundo Império, do estamento burocrático-aristocrático com a oligarquia cafeeira. Sobre a continuidade da estrutura de poder no Brasil, mesmo com o advento da Proclamação de uma República, Bresser escreve:

> *O golpe militar não tinha base real na sociedade, de forma que não envolveu de fato a população. Conforme salienta José Murilo, os observadores da época negavam a existência de um povo ou de uma sociedade civil no país: "segundo Aristides Lobo (1838-*

1896) o povo assistiu bestializado à Proclamação da República; não havia povo no Brasil segundo os observadores estrangeiros, inclusive os bem informados como Louis Couty; o povo fluminense não existia, afirmava Raul Pompéia" (BRESSER, 2001, p. 8).

Para Bresser, o regime continuava oligárquico e as eleições fraudadas. Até aí, seguíamos a cultura de sempre. A massa de eleitores não ultrapassava a dois por cento do total da população e estrutura econômica e, sobretudo, a estrutura de poder não havia mudado em nada. A expectativa de mudança estrutural com o advento da República não se concretizou.

O país aprofundou a presença das oligarquias, recrudesceu o poder dos governos locais com a chamada Política dos Governadores que definiria os rumos do país até 1930. Segundo o jurista, professor e ex-ministro do Supremo Tribunal Federal (STF) Vitor Nunes Leal (1914-1985), (2012), este foi um acordo durante o início da República Velha (1890-1930), no qual o Governo Federal dava apoio aos governos estaduais sem restrições e, em troca, governadores elegiam os políticos pró--Governo Federal através do chamado "coronelismo".

Como já amplamente historiado, a quebra da Bolsa de Nova Iorque em outubro de 1929, inicia uma crise econômica de proporções mundiais. As exportações de café, principal produto de exportação brasileiro à época, são afetadas, iniciando seu declínio no país. As oligarquias dominantes impedem qualquer movimento na direção da modernização da política nacional. Em paralelo, a insatisfação dos militares que demandavam ordem e progresso, assim como a crescente demanda dos liberais, impõem, ao regime vigente, visíveis sinais de desgaste. Prova disto são as várias revoltas militares ocorridas no Governo de Artur Bernardes (1875-1955) entre 1922 e 1926 que, obviamente, havia sido eleito sob o signo das oligarquias da política do "café com leite", como observa Bresser.

As eleições de 1930 são marcadas por um racha entre as elites políticas de São Paulo e Minas Gerais, que dominavam o país desde 1894. O então presidente paulista Washington Luiz (1869-1957), eleito em 1926, rompe com a tradição da alternância de poder entre São Paulo e Minas Gerais e lança outro paulista à sua sucessão, Júlio Prestes (1882-1946), em detrimento a Antônio Carlos de Andrade (1870-1946), então governador do Estado de Minas Gerais. Com este movimento, contrário ao que vinha ocorrendo no país há mais de trinta anos, é formada a Aliança Liberal, unida às oligarquias de Minas Gerais, Rio Grande do Sul e Paraíba. Esta Aliança Liberal lança Getúlio Vargas e João Pessoa (1878-1930) como candidatos à presidência e vice-presidência. Eles, no entanto, são derrotados em uma eleição fraudulenta, que elege o próprio Júlio Prestes. A importância do relato mais extenso é para pontuar de forma sólida o que o cidadão comum vivia. Os desmandos e a referência moral que o Estado passava moldavam o Homem Comum em sua subjetivação.

Como salienta Bresser, uma situação econômica deteriorada e insustentável, impulsionada por um cenário econômico mundial em crise, veio se juntar ao assassinato do candidato à vice-presidência da Aliança Liberal, João Pessoa[4]. O evento, tido como uma manobra da situação para calar a oposição, propicia uma revolta militar que parte do sul. O governo é deposto, e Getúlio Vargas assume a presidência, através de um golpe, dando início à Era Vargas, que se estenderá de 1930 até 1945. Já estamos na década de 1930 e os acontecimentos nos parecem os mesmos. Falamos de poder, falamos de golpes, falamos de elites que mandam e desmandam, e o povo, apenas assistindo passivo e pagando os tributos. Mas qual era a origem de Vargas?

> *Vargas tinha origem nos criadores de gado do Sul, fazia parte da "oligarquia substituidora de importações", na expressão de Ignácio Rangel, mas as duas classes que ele vai presidir são classes novas: a burguesia industrial e a nova classe média tecnoburocrática. Ambas eram originárias de classes ou estamentos antigos: a burguesia industrial originava-se da burguesia mercantil; a moderna burocracia evoluiu do estamento burocrático patrimonialista. Diferentemente da sua antecessora, a burocracia não tinha caráter aristocrático, nem estava circunscrita ao Estado (BRESSER, 2001, p. 10).*

Segundo Bresser, Vargas não era um liberal idealista que viria ao poder sob a bandeira da democracia ou muito menos pelo fim das oligarquias. As duas classes novas que ele viria presidir eram a burguesia industrial e a nova classe média tecnoburocrática. Ambas eram originárias de classes ou estamentos antigos: a burguesia industrial originava-se da burguesia mercantil; a moderna burocracia evoluiu do estamento burocrático patrimonialista. Essa é uma importante observação feita por Bresser, para melhor entendermos a formação dessa nova sociedade que emerge para nós, hoje. A rigor, Vargas foi mais um messias — talvez o mais importante ou pelo menos o original. Lamentavelmente, o Homem Comum brasileiro ainda não se libertou dessa necessidade. Em minha opinião, isso se dá, talvez pelo fato da sempre dependência desse Homem por um Estado que decide a sua vida, e lhe supre minimamente suas necessidades. Isso fez com que os mandatários tenham sido, via de regra, muito maiores que os cargos de presidente instituídos. É como se cada Homem Comum vivesse a eterna insegurança de uma criança que não lhe ensinaram a viver por suas próprias pernas. Às vezes chego a pensar que o Homem Comum brasileiro ainda não viveu sua castração social e segue dependendo da sua mãe. Mas, vamos prosseguir:

Neste contexto, o que esperar do desenvolvimento socioeconômico do Brasil? Uma República descentralizada, sob o ponto de vista dos governos estaduais ou centralizada em si mesma e ainda oligárquica? O que se viu no Brasil da Era Vargas foi um Estado unitário e centralizado, que conservou elementos da velha aristocracia e tornou-se um Estado autoritário e burocrático que visava um capitalismo de estado industrial que não negou as origens de seu criador.

A República Velha era um Estado Federalista, fraco e com todos os seus defeitos e tendências. Ainda que longe de um federalismo americano, o Estado brasileiro da República Velha era ainda federalista.

Para Wanderley Guilherme dos Santos (1935-2019), em sua obra *O Ex-Leviatã Brasileiro: do Voto disperso ao Clientelismo Concentrado* nos diz que: "resolvido o conflito intra-oligárquico pelas armas, os novos governantes se viram em meio à formidável crise do capitalismo, iniciada em 1929" (SANTOS, 2006, p. 18). Assim, Vargas e seus governantes, ao assumirem, diante de todo o contexto nacional, percebem que estão diante de uma crise da integração nacional; de uma crise da participação política e de uma crise da distribuição de renda. Este era o cenário do Brasil de 1930 e a equipe que chegava ao poder, em meio à desorganização de uma revolução imposta, sabia com certeza o que queria: industrializar o país (SANTOS, 2006, p. 20).

É importante pontuar que nesta época as sociedades produtivas dos países mais avançados, sobretudo europeus, já lutavam há décadas por demandas básicas de cunho social, tais como: descanso semanal remunerado, férias, segurança no trabalho, regulamentação do trabalho feminino e infantil, limites à jornada diária de trabalho, eventuais compensações por problemas de saúde e aposentadoria etc., direitos que já haviam sido conquistados, por exemplo, nos EUA. Além de tais demandas, também se assistiu, ao longo da segunda metade do século XIX, demandas por liberdades sindicais, manifestações sem repressão e a conhecida liberdade de imprensa. A pressão por estas condições já frequentava o cenário nacional desde o final daquele século, é bom que se diga.

Contudo, esbarrava-se, ainda, na repressão das elites de um Estado ainda sem o devido interesse, função da sua fraca consistência política. É nesse cenário que inserimos os cidadãos — em especial o Homem Comum, que apenas seguiam os padrões dos seus antepassados, sem muita novidade.

Para promover as mudanças seria necessária uma recuperação da atividade econômica que fosse capaz de prover recursos e financiamentos, em meio a uma crise que já não mais absorvia a produção de café como antes. Para tanto, era preciso que houvesse uma coordenação de esforços internos, ainda que carentes de mecanismos de ajustes econômicos, para criar, efetivamente, o que era mais fundamental: um mercado. Afinal, "o que estimula o crescimento do mercado é a contínua divisão social do trabalho separando identidades e diferenciando produtos, tendências centrifugistas e que não se dispõe em regimes liberal-democráticos, senão do mecanismo integrador do mercado para reconciliá-las" (SANTOS, 2006, p. 20).

Para Santos, neste momento, o foco estava voltado agora para uma questão básica: como levar a termo uma tarefa absolutamente urbana tendo como base uma população majoritariamente rural e predominantemente analfabeta? Padrão esse que havíamos encontrado no último século da história nacional.

Esse era o grande desafio de primeira ordem para Vargas. Santos destaca que o censo de 1940, dez anos após a Revolução, ainda registrava um analfabetismo da ordem de 56% da população. Cabe ressaltar que os EUA já tinham índices de analfabetismos na casa dos 10% desde o final do século XIX. Como estimular os trabalhadores urbanos à participação institucionalizada, na ausência de organizações sólidas com rotinas definidas? Como instaurar políticas nacionais sem contar com o recurso de um mercado interno e de uma burocracia pública competente?

Vargas se torna o presidente que efetivamente materializa o Estado na sociedade brasileira. É importante frisar que essa materialização se dá de cima para baixo, como assinala Santos, acrescentando, ainda, que a diferenciação organizacional do Estado quanto à sua presença como agente econômico produtivo era extremamente reduzida na República Velha. Portanto, isso se materializa a partir de Vargas em 1930, quando ele inicia um trabalho de vanguarda na fundação e integração da nação, através da expansão das vias férreas e redes de comunicação. Removeu obstáculos institucionais à integração via mercado com a extinção de impostos interestaduais. A lista de realizações é longa e pode ser resumida com a criação dos seguintes órgãos e/ou regulamentação:

Principais Realizações do Governo Getúlio Vargas

1930	Ministério da Indústria e Comércio
1931	Conselho Nacional do Café, Instituto do Cacau da Bahia e Departamento de Correios e Telégrafos.
1932	Ministério da Educação e Saúde Pública
1933	Departamento Nacional do Café e Instituto do Açúcar e do Álcool
1934	Conselho Federal do Comércio, Instituto Nacional de Estatística, Código de Minas, Código de Águas, Plano Geral de Viação Nacional e Instituto de Biologia Animal.
1937	Conselho Nacional de Geografia, Conselho Técnico de Economia e Finanças e Instituto do Patrimônio Histórico e Artístico Nacional (IPHAN)
1938	Conselho Nacional do Petróleo, Departamento Administrativo do Serviço Público (DASP), Instituto Nacional do Mate e Instituto Brasileiro de Geografia e Estatística.
1939	Plano de Obras Públicas e Aparelhamento da Defesa.

1940	Comissão de Defesa da Economia Nacional, Instituto Nacional do Sal e Fábrica Nacional de Motores.
1941	Companhia Siderúrgica Nacional e Instituto Nacional do Pinho
1942	Missão Cooke, Serviço Nacional de Aprendizagem Industrial (SENAI) e Companhia Vale do Rio Doce.
1943	Coordenação da Mobilização Econômica, Companhia Nacional de Álcalis, Fundação Brasil Central, Consolidação das Leis do Trabalho, Serviço Social da Indústria (SESI), Plano de Obras e Equipamentos e Congresso Brasileiro de Economia.
1944	Conselho Nacional de Política Industrial e Comercial, Serviço de Expansão do Trigo.
1945	Conferência de Teresópolis e Superintendência da Moeda e do Crédito (SUMOC)

Ainda foram implantados, em 1952, já no seu segundo mandato, de 1951 a 1954, o Banco Nacional de Desenvolvimento Econômico (BNDE), o Conselho Nacional de Desenvolvimento Científico e Tecnológico (CNPq), a Rede Ferroviária Federal, o Banco do Nordeste, o Instituto Brasileiro do Café, além da regulamentação do trabalho do menor aprendiz. Em 1953 foi criada a Petrobras, o Plano Nacional de Telecomunicações, a CACEX e o Ministério da Saúde (MS). Em 1954 foi criada a Companhia Siderúrgica Paulista (Cosipa). A importância desse resumo é para dar a exata dimensão do que Vargas implementa no país. Sem qualquer precedente até então.

Entretanto, para dar sustentação a todo esse estado de modernidade, Vargas estimula a criação de uma Burocracia Nacional. Esta instituição, formada pela grande massa de trabalhadores públicos, juntamente com seus respectivos sindicatos, ganharia força e poder ao longo dos anos seguintes e seria chave nesse novo modelo de Estado:

> *Em breve se descobriria que os legisladores não eram os únicos intermediários entre os eleitores, a população em geral, e os executivos governamentais. Havia agora uma burocracia interposta não somente entre os eleitores e governantes, mas entre os legisladores e os poderes executivos. Preservada em seu poder pela ausência de competição, à diferença dos políticos, e isenta da necessidade de prestação de contas ao grande público, a burocracia gradativamente adquiria maior importância estratégica na medida em que a operação da máquina do Estado, de complexidade crescente, premiava em prestígio e poder, além de renda, àqueles com ela familiarizados* (SANTOS, 2006, p. 26).

Isso é muito significativo, pois é exatamente essa massa criada aqui que se torna a elite que veremos no contemporâneo. Um dos pais da sociologia Moderna, Max Weber (1864-1920), descreveu em sua obra *Economia e Sociedade* (1997) os conceitos teóricos da importância da formação de uma burocracia no desenvolvimento de um país. Neste contexto, vamos fazer uma pausa na narrativa de Vargas, para trazer esses conceitos weberianos como ilustração. O autor nos diz:

> *Em um Estado moderno, o verdadeiro poder está necessária e inevitavelmente nas mãos da burocracia, e não se exerce por meio de discursos parlamentares nem por falas de monarcas, mas sim, mediante a condução da administração, na rotina do dia-a-dia. Isso é exato tanto com referência ao funcionalismo militar quanto ao civil* (WEBER, 1997, p. 39).

Em seu modelo, Weber parte do princípio de que a burocracia é a base da operacionalidade do Estado, de modo que sua profissionalização é o avanço para a modernidade. Isso se torna importante na medida em que podemos comparar com a formação social que tivemos. Weber decreta que um Estado moderno deveria estabelecer sua burocracia como algo profissional, remunerado e, sobretudo, hierarquizado. As regras deveriam ser claras e o tratamento imbuído de todo respeito, um respeito mútuo. E nos diz:

A decadência do Império Romano da Antiguidade foi até parcialmente condicionada pela burocratização de seu aparato militar e administrativo: esta somente podia ser realizada mediante a introdução simultânea de um método de distribuição dos gravames estatais que conduziu a uma crescente importância relativa da economia não monetária (WEBER, 1997, p. 209).

Ele descreve que a razão decisiva do avanço da organização burocrática sempre foi sua superioridade técnica sobre qualquer outra forma de avanço. Ele chega a comparar a relação entre um mecanismo burocrático plenamente desenvolvido à relação entre uma máquina e outros métodos não mecânicos na produção de bens (WEBER, 1997, p. 212). Weber relaciona o desenvolvimento do capitalismo ao desenvolvimento da burocracia:

> *Assim como os italianos e, depois deles, os ingleses magistralmente desenvolveram as modernas formas capitalistas de organização econômica, assim os bizantinos, depois os italianos, depois os Estados territoriais da época absolutista, a centralização revolucionária francesa e, finalmente, superando a todos eles, os alemães consumaram organização burocrática racional, funcional e especializada de todas as formas de dominação, da fábrica ao exército e à administração pública. Por enquanto, os alemães só foram superados no que se refere à técnica de organização partidária por algumas nações, especialmente*

pelos americanos (WEBER, 1997, p. 47).

O que Weber transmite é que mesmo neste modelo ideal, as limitações começam na liderança que implementa o conceito; o crescimento da burocracia poderia, em tese, ser um foco de poder indesejado caso as regras básicas fossem transgredidas. Nesse ponto entramos com nossa realidade. Todo este modelo apresentado por Weber não pode existir de modo ensimesmado. Requer, portanto, toda uma construção política que o suporte.

A burocracia moderna, para Weber, é a forma de organização do Estado própria dos regimes que ele denomina de "dominação racional-legal", por contraste há outras formas de dominação política (carismática e patrimonial). Weber contrapõe uma dominação racional do modelo que ele apresenta a uma dominação carismática e patrimonial: a *dominação carismática* é feita pela presença de um líder extremamente forte e uma máquina administrativa de completa lealdade. Neste modelo, o que importa é o resultado, ficando os meios para consegui-lo de modo subjacente ao longo de todo o processo; a *dominação patrimonial* tem como característica básica a não separação entre o que é público e o que é privado, e tendo o exercício de funções públicas feitos por pessoas particulares ao sistema. Neste último modelo, podemos destacar governantes cobrando impostos em interesse próprio: o coletor de impostos é sócio do governo; os funcionários são "donos" dos cargos que exercem, e estes cargos podem ser comprados. Se cotejarmos esses conceitos weberianos com a cena nacional, por certo, já tiraremos dramáticas conclusões, sobretudo, dos governantes que tivemos. A burocracia deve atender a mandatos e estar circunscrita a regras estabelecidas e conhecidas por toda a sociedade. Segundo esta lógica, a burocracia estabelecida por Vargas passa longe dos padrões teóricos de uma burocracia weberiana, já que os interesses pessoais e partidários prevalecem no seu governo. Essa é a referência que todo esse momento nos deixa, razão pela qual fizemos essa comparação.

A historiadora Angela de Castro Gomes, em seu livro *A invenção do Trabalhismo* (2005), conta que, com a chegada de Vargas ao Rio de Janeiro, como chefe do Governo Provisório, a situação trabalhista mudaria de forma profunda. Diversos sindicatos que haviam sido fechados foram autorizados a reabrirem as suas portas e, ainda em novembro de 1930, foi criado o Ministério do Trabalho, Indústria e Comércio. A autora acrescenta que o quadro da política do novo regime com relação à classe trabalhadora começaria a mudar, quando se consolidam as novas regras sindicais em 1931, com emissão do Decreto número 19.770. Em meio a tentativas de golpe e muita oposição, em 1934 o Brasil ganhava mais uma Constituição Federal pelas mãos de Vargas. Uma Constituição que o legitima como Presidente efetivo e, por conseguinte, uma nova lei de sindicalização, que consagrava a pluralidade e a autonomia sindical. A autora vai além:

> *De forma geral, a bibliografia que trata do tema das relações Estado/classe trabalhadora no Brasil consagra uma interpretação para o pacto que vinculou estes dois atores a partir do Estado Novo. Esta interpretação funda-se na ideia central de que o Estado do pós-30 desencadeou uma política social de produção e implementação de leis que regulavam o mercado de trabalho e, com este novo recurso de poder, conseguiu a adesão das massas trabalhadoras. O pacto social assim montado traduzia-se em um acordo que trocava os benefícios da legislação social por obediência política, uma vez que só os trabalhadores legalmente sindicalizados podiam ter acesso aos direitos do trabalho, sinônimo da condição de cidadania em um regime político autoritário como o brasileiro* (GOMES, 2005, p. 178).

Segundo Gomes, esta análise contempla um ponto de extrema importância que caracterizaria tudo o que veremos na sequência: o Estado pós-30, através de uma política social do trabalho, passa a ser um produtor de benefícios, matérias e bens de valores utilitários. Por outro lado, a classe trabalhadora, que troca legislação social por obediência política, realizava uma relação custo benefício, cuja lógica é predominantemente material e individual. Para Angela Gomes, como o trabalhador almejava estes novos direitos — desde a República Velha — pelos quais lutou sem êxito, ele concordou em aderir politicamente ao regime, isto é, a seu modelo de sindicalismo corporativista tutelado e a todos os seus desdobramentos. Temos aqui um decisivo elo da cadeia de valores na formação do Homem Comum de hoje, razão pela qual detalhamos tanto a narrativa. Mas vamos prosseguir.

Para a autora, foi só no pós-30, quando o poder decisório se deslocou do Legislativo para o Executivo e o patronato foi fortemente pressionado pelas autoridades trabalhistas e pelas novas lideranças empresariais, que um surto de legislação e regulamentação teve efetividade no cenário nacional. Esta foi a forma que a Era Vargas utilizou para arregimentar a massa trabalhadora e sustentar, assim, todo o seu modelo de poder. É dessa forma que se solidifica o fortalecimento do Estado. É dessa forma que a massa trabalhadora não cria uma oposição estrutural e passa a fazer parte do regime. Entretanto, essa lógica material que era essencial para a construção de um pacto social, só começou a produzir resultados significativos a partir do pós-40, segundo a autora. Sobre este ponto, Angela Gomes acrescenta:

> *A partir daí, combinou-se com a lógica simbólica do discurso trabalhista, que, ressignificando a palavra operária construída ao longo da Primeira República, apresentava os benefícios sociais não como uma conquista ou reparação, mas como um ato de generosi-*

dade que envolvia reciprocidade. Nesta perspectiva, o Estado não era visto apenas como produtor de bens materiais, mas como produtor de um discurso que tomava elementos-chave da autoimagem dos trabalhadores e articulava demandas, valores e tradições desta classe. A classe trabalhadora só obedecia [...]. Não havia, neste sentido, mera submissão e perda de identidade. Havia Pacto (GOMES 2005, p. 180).

A autora deixa claro que a base da estrutura trabalhista e sindical no Brasil passaria a partir daquele momento, ou daquela década, a ser definitivamente diferente do que existiu até então, e que esse novo modelo da relação Estado-Classe Trabalhadora seria a base da construção do que veríamos no desenvolvimento do país nas décadas seguintes. O modelo político agora tinha em sua base uma relação de troca. Era esse o sentido do Homem Comum que nascia ali.

Outra importante peça do mosaico da formulação do trabalhismo que merece destaque é o desequilíbrio econômico existente. Nesse aspecto, a autora nos diz:

O processo de ascensão política e social de uma liderança e da identidade social do grupo de seus seguidores é, desta forma, marcado por uma "calculada generosidade". A sociedade onde tal processo tem vigência é caracterizada pelo desequilíbrio econômico e necessita de fluxos materiais unidirecionais. Nesta sociedade, fundada em regras extensas de reciprocidade, quanto maior for o gap *de riqueza, maior deverá ser a assistência do rico para com o pobre, do chefe para com seus seguidores. É desta forma, portanto, que se produz a paz social e é vencido o caos hobbesiano do estado de guerra e de todos contra todos* (GOMES, 2005, p. 182).

No período que vai de 1943 a 1945, a autora atesta o excelente relacionamento que se estabelece entre governo e os interesses empresariais do país. Mudaram os atores, mas a mecânica de interesses privados atuando no Governo permanece inalterada. E o Homem Comum passivo assistindo o seu "desenvolvimento". Segundo Gomes, os trabalhadores não criaram o sindicalismo. O Governo criou o sindicalismo e o impôs ao trabalhador. Aliás, ela destaca que esse movimento sempre esteve na contramão do que foi visto em países da Europa e dos próprios EUA. O imposto sindical, obrigatório, era a forma com que os sindicatos patrocinavam seus benefícios e, por conseguinte, angariavam mais correligionários. Era a grande forma de cooptação, ou melhor, a grande forma de formatação desse novo Homem Comum.

Adicionalmente, os sindicatos eram agraciados com expressivas verbas e incentivos de toda sorte para criarem atrativos à adesão de mais e mais trabalhadores, independentemente dos resultados apresentados. A autora destaca o caráter nocivo desta prática por longo período, caracterizando uma forma de assistencialismo, levado para as décadas subsequentes.

A autora conclui que, se antes de 1930 o que se verificava era a ausência de contato harmonioso entre o povo e a elite, o que se verificou nos primeiros anos no pós-30 e, principalmente, depois de 1937, com o chamado Estado Novo, quando houve uma articulação entre as elites e a massa da população, a harmonia se fez presente. E ela conclui que a grande finalidade da obra revolucionária era justamente enfrentar este estado de constante necessidade em que vivia o povo brasileiro, estado desumanizador que identificava o trabalho como um apanágio da pobreza. Neste sentido, a pobreza e o trabalho precisavam entrar na cena política brasileira. Apenas para lembrar que estamos relatando a década de 40.

Podemos compreender a centralização do poder decisório, a falta do contraditório, assim como a importância da figura do Presidente da República, da burocracia dos ministros e suas estruturas ministeriais, além das empresas estatais subordinadas, como um fato que caracteriza toda a implantação do Estado autoritário regulador da Era Vargas. Neste contexto, Gomes acrescenta:

> *É relevante verificar como se estrutura a relação entre o papel necessário da hierarquia corporativa e a presença da personalidade do presidente. Trata-se de uma dinâmica complexa que combina elementos contraditórios, uma vez que as corporações eram teoricamente concebidas como órgãos com poder de representação. Entretanto, estes órgãos representariam a*

vontade popular, na medida em que a organizariam, isto é, na medida em que "conteriam" esta vontade. A forma de expressão política desta vontade surgiria da ação constante da personalidade do presidente: de sua intervenção pessoal (GOMES, 2005, p. 207).

A autora demonstra como era a força do Executivo através da pessoa do presidente que, por sua vez, impunha uma redução de poder do Legislativo. O presidente era mais um messias na cena nacional. É dessa forma que por anos se deu os pesos dos poderes, sempre com a supremacia do Executivo.

Para Bresser, o período Vargas não foi capaz de eliminar os componentes patrimonialistas e clientelistas que frequentavam o cenário nacional desde a República Velha. Tanto Santos quanto Gomes são enfáticos quando afirmam que a Era Vargas cria a burocracia nacional que, por sua vez, ganha corpo e poder dentro do processo decisório da política do Brasil, embora isto em nenhum momento altere a estrutura de poder das elites e a relação que elas tinham com o povo, formatando assim esse novo Homem Comum.

Wanderley Guilherme dos Santos (1935-2019) dá nome a este Estado, com a dimensão que ele atingiu. Ele nos diz: "tratar das melífluas conexões e alianças entre o público e o privado significa, sobretudo, identificar os padrões de comportamento de um Estado regulador, antes que produtor, e investigar possíveis efeitos emergentes desse novo Leviatã — um Leviatã disfarçado" (SANTOS, 2006, p. 28).

O autor conclui, categoricamente: "Essa afinal, teria sido a herança maligna da Era Vargas e da semidemocracia que a teria continuado de 1945 a 1964". (SANTOS, 2006, p. 28). Ele chama este Estado de malicioso Leviatã contemporâneo, sucessor da Era Vargas, "até porque parte da literatura especializada identifica no crescimento da burocracia pública, sobretudo, em sua vertente regulatória, o principal estímulo para o surgimento e expansão do, por assim dizer, clientelismo moderno" (SANTOS, 2006, p. 28).

É o "Estatismo" que Santos designa como o processo de diferenciação estrutural do Estado e seu crescente enraizamento na sociedade. Ele destaca ainda os papéis deste Estado como o de organização; o Estado como agente produtivo; e o Estado como ente regulatório. Papéis estes que, segundo ele, reduziriam a autonomia e a liberdade da iniciativa privada, oprimindo o Homem Comum. Ele destaca, ainda, a proliferação diversificada dos entes estatais. E afirma: "Estas foram características recorrentes da constituição do Estado no Brasil, sobretudo a partir de 1930, até que vieram sofrer importante ruptura desde a última década do século XX" (SANTOS, 2006, p. 29).

À nova geração de "burocratas" seria atribuída a responsabilidade pela condução de toda uma legislação regulatória que igualmente vinha sendo produzida e, também, pela gestão de setor produtivo estatal. Como diz Santos, "É este o curriculum da Era Vargas. Destruí-lo constitui, claramente, formidável desafio". E encerra:

> *Um século, praticamente de vida pública, ou no mínimo, meio século, é desprezado como irrelevante arquivo dos sucessos e insucessos da vida eleitoral, partidária e parlamentar, sob oligarquias, em períodos de democracia limitada, ou sob ditadura. Não tão compreensível, entretanto, quanto à estranha tese de que nada mudou no Brasil em cinco séculos, autismo intelectual impermeável às transformações do último meio século nacional.* No Brasil, o presente é sempre inaugural, jamais consequência intermediária do passado, em busca do futuro. *Grande parte dos historiadores brasileiros contemporâneos nega, por implicação, que o Brasil tenha tido história. A Era Vargas se afasta no tempo, mas se consolida no íntimo da história brasileira. Não há como refazer o Estado brasileiro e suas multifacetadas atribuições senão a partir das impagáveis consequências da ação varguista* (SANTOS, 2006, p. 21).

Analisando os argumentos de Santos, podemos postular que é insensato prever o futuro do Brasil tendo como fundamento o passado de outros países. Contudo, a formação e institucionalização do Estado regulador brasileiro a partir de 1930 foram marcadas pelo pensamento autoritário nacionalista, característica central de um regime centralizado no Estado.

Dos autores aqui analisados, podemos depreender que a formação da burocracia estatal brasileira, assim como todo o processo da criação das empresas estatais que vieram no bojo da formação do Estado naquela Era, estiveram diretamente sob o comando de uma relação de subordinação e, por vezes, alianças dos tecnocratas com a burguesia que detinha o capital local ou estrangeiro. Este processo ganha, ao longo da década, outro ator que se valoriza à medida do desenvolvimento da nação: os militares ligados aos tecnocratas. Estes atores se combinaram na cena política brasileira e evoluíram para uma estrutura de poder que décadas mais tarde inauguraria uma dura realidade antidemocrática. É sob essa atmosfera que o Homem Comum que estudamos se consolida, tendo como pano de fundo uma estrutura dominadora, repressiva, e muito pouco republicana.

Diferentemente de países europeus e, sobretudo dos Estados Unidos, onde em meio à transição do Estado Liberal "laissez-fairiano" para o Estado Regulador houve uma intensa disputa entre grupos da sociedade que implicou em uma específica organização da burocracia estatal, no Brasil não houve qualquer registro deste conflito social. A luta ficou restrita as elites dominantes pelo trânsito político e pelo controle do aparelho do Estado, segundo Wanderley Guilherme dos Santos. O que vimos, mesmo neste Estado onde a massa trabalhadora de forma geral recebeu seus benefícios "sociais", foi uma imposição do Estado. Não houve uma clara conquista popular. Houve um conjunto de decisões de Estado, pelo alto. As decisões sempre foram de cima para baixo. Mesmo que estas decisões viessem de encontro às necessidades da sociedade. Vimos que houve um reposicionamento das elites dominantes sem, contudo, ter havido uma participação ativa do cidadão comum. Não houve um conflito organizado como um modelo jacobino a tamanha mudança. Como Bresser pontuou no início desta seção, vimos alguns golpes sem que houvesse reação popular. A Era Vargas pode ser perfeitamente enquadrada neste pensamento.

Podemos resumir que a formação do Homem Comum da época teve como signo o assistencialismo, advindo do processo de concessão de benefícios em troca da manutenção do status de poder; e o clientelismo compreendido como instrumento de manutenção do modelo de poder e sustentação política do regime.

Neste contexto, o filósofo Carlos Nelson Coutinho (1943-2012) em seu livro "Gramsci: um Estudo Sobre Seu Pensamento Político" (2007) adapta com muita propriedade os paradigmas gramscianos para a Era Vargas. Para Coutinho, a adoção de paradigmas gramscianos na descrição do modelo italiano, por ocasião da política fascista da primeira metade do século XX, se dá pelos conceitos de "revolução passiva" e "transformismo molecular". Para Coutinho, o latifúndio pré-capitalista e a dependência do imperialismo internacional não foram obstáculos ao completo desenvolvimento capitalista do país. O latifúndio transforma-se em empresa capitalista agrária e a participação do capital estrangeiro, através da internacionalização do mercado interno, contribui para transformar o Brasil em um país industrial moderno, com altas taxas de urbanização e uma completa estrutura social, num processo pelo alto, sem a participação do cidadão comum e com a utilização de aparelhos repressores do próprio Estado. O autor complementa que Vargas promulga um conjunto de leis trabalhistas há muito reivindicadas pelo proletariado e impõe uma legislação sindical corporativa, nos moldes das leis impostas por Mussolini, na Itália, que basicamente vinculava os sindicatos ao aparelho do Estado, limitando sua autonomia.

Portanto, para o autor, na perspectiva gramsciana, a gestão Vargas pode ser definida como uma revolução passiva ou uma restauração progressiva. Além disto, Coutinho também apontará que as transformações que aconteceram no Brasil sempre foram um deslocamento da função hegemônica de uma fração de uma classe dominante para outra, sem que esta hegemonia fosse muito efetiva em face das massas populares.

Porém, uma ditadura sem hegemonia, mesmo no ambiente de uma revolução passiva, não se sustentaria por longo tempo se não houvesse um mínimo de consenso. É neste ponto que Gramsci indica o modo pelo qual se obtém esse consenso mínimo no caso de processos de transição pelo alto, ou, como conceitua: o transformismo. O conceito de transformismo tem a ver com a assimilação de frações rivais da própria classe dominante pelo bloco que se encontra no poder, ou mesmo a cooptação de setores de classes subalternos. Ou seja, a cooptação de relevantes grupos ou cidadãos que eventualmente poderiam reverter o status de poder e impedir a manutenção do processo político em curso.

Na Era Vargas, no entanto, essa dita modalidade ganha contornos institucionais até então sem precedentes. A debilidade da sociedade civil tornou e torna esta prática mais fácil e, desde Vargas, se incorporou à cena política de forma natural. E é o Homem Comum à margem de manobra.

O populismo enquanto um mecanismo de cooptação de trabalhadores pelo bloco de poder, por meio dos benefícios que lhes eram concedidos, ainda que esta estratégia de cooptação não seja algo exclusivo do governo Vargas, é notável, e se materializa fortemente em Vargas. Coutinho acrescenta que não há dúvida de que a forma populista de legitimação teve um relativo sucesso no segundo Governo de Vargas e no Governo de Kubitschek (1956-1961).

Para Angela Gomes, três pontos compuseram o conceito de populismo, a saber: a existência de um líder carismático, uma classe dirigente em crise hegemônica e um proletariado sem consciência de classe. Isso, de alguma forma, nos remete aos fatos históricos relatados a partir da revolução de 30, com Vargas como líder inquestionável, atuando numa classe trabalhadora ainda em formação.

Esse fato nos dá argumento para crer na existência de um Homem Comum adestrado para seguir um messias, onde era mais importante a sua subserviência do que o seu desenvolvimento social e educacional.

Com o fim da ditadura de Vargas em 1945, houve o restabelecimento da democracia brasileira e a reestruturação dos partidos políticos de acordo com os grupos sociais a que estavam ligados. A título de ilustração a organização política convergiu nos seguintes partidos: Partido Trabalhista Brasileiro (PTB), ligado aos sindicatos e chefes sindicalistas associados ao governo Vargas e Partido Social Democrático (PSD), composto pela classe média alta e representantes dos setores empresariais. O PTB atuaria na classe operária e o PSD nas classes mais favorecidas. Mas ambos ligados a Vargas. Complementando tínhamos a União Democrática Nacional (**UDN**).

O rearranjo das forças políticas a partir da determinação de Vargas operou como uma revolução passiva. A vida política brasileira, entre 1945 e 1964, foi polarizada entre os partidos getulistas, PSD e PTB, e o principal partido anti-getulista, a UDN. Mesmo depois da morte de Vargas, em agosto de 1954, a sua personalidade política continuou frequentando a sociedade brasileira por pelo menos uma década e formatando o Homem Comum que deita no divã do analista com suas neuroses adquiridas.

Tudo aquilo que apresentamos aqui formou o Homem Comum contemporâneo que convivemos hoje. Ao analisarmos o Brasil contemporâneo, vamos ver fortes traços conceituais que apresentamos nesse relato da Era Vargas. A história brasileira se concatena de forma muito perceptível. Quando focarmos nossas lentes no Homem Comum visando o entendimento de seus atos, vamos ver que ele é fruto desses quatrocentos e tantos anos de história que se repetiu, insistentemente, no mesmo desenho moral. Quando esse Homem Comum se deitar no nosso divã, e o analisarmos sob a ótica da psicanálise, não podemos nos esquecer do quanto ele, e seus antepassados, foram submetidos aos desmandos e todas as vicissitudes, vistas aqui nesses relatos. Talvez essa seja uma grande demonstração que a psicologia individual não pode ser vista sem a psicologia social, aliás como preconizou o próprio Freud. Vamos então passar ao Brasil contemporâneo.

2.2. O BRASIL CONTEMPORÂNEO

Nesta seção vamos fazer uma análise do que temos no Brasil de hoje, digo, a partir dos anos 2000. Vamos iniciar apresentando os principais números que mostram como é a sociedade de hoje, fazendo uma breve comparação com os dados do primeiro censo brasileiro de 1872. Apenas para lembrar que esse primeiro censo no Brasil foi realizado no final do período monárquico. Vamos ver, também, como evoluímos nos números de analfabetismo e na desigualdade. Vejo que essa comparação propicia um melhor entendimento do quadro atual, tendo como base o extrato social dos momentos que estudamos. Por certo, essa comparação pode nos fornecer valiosas informações para a análise do atual Homem Comum, e sua prática de corrupção. Na sequência, vamos destacar alguns aspectos da corrupção atual, visando um termo de comparação com a longa viagem que fizemos pelas terras do malfeito. Fica aqui de antemão a pergunta: evoluímos muito? Senão vejamos:

2.2.1. Um breve recenseamento do Brasil dos anos 2000

Como é o Brasil dos anos 2000? Que sociedade é essa? Quanto se evolui na escolaridade e nos principais indicadores sociais? Para uma melhor compreensão da sociedade de hoje, vamos analisar o que nos diz o último censo realizado em 2010 e, a título de ilustração, vamos cotejá-lo com o primeiro censo realizado no país, em 1872 — conhecido como "Recenseamento da População do Império do Brasil" (site IBGE). A intenção básica dessa comparação é para vermos se efetivamente houve uma ruptura do desenvolvimento socioeconômico no Brasil. Quando falamos de ruptura, procuramos basicamente por um salto ou uma radical mudança de rumo no desenvolvimento da sociedade. Penso que somente um estudo detalhado da evolução social, permitirá a elaboração de eficazes políticas públicas visando à melhoria da sociedade.

Efetivamente temos que problematizar a sociedade de forma séria. Vejo esse trabalho apenas como uma singela contribuição nesse mar de problemas que a sociedade nacional dispõe. Mas vamos aos números: Vamos começar com o primeiro censo de 1872. Naquele momento o Brasil tinha 9.930.478 habitantes com 58% se declarando pretos ou pardos. Os negros totalizaram apenas 19,7%. Os brancos eram apenas 38% e os indígenas 4%. Ressaltamos aqui uma importante questão: a população brasileira naquele momento já era miscigenada[5], num percentual não muito distante dos números atuais. Da população total, 51,6% eram homens e 48,4% mulheres. Os brasileiros livres totalizavam 84,8% enquanto 15,2% permaneciam escravos. É importante lembrar que a abolição da escravidão ocorreria somente em 1888. Esse percentual de população livre reforça o fato de que a abolição foi mais uma ação política da monarquia do que efetivamente uma conquista do povo — como dissemos na seção anterior.

Embora não esqueçamos que mesmo considerados livres, grande parte desses escravos libertos era dependente dos senhores, pelo menos na questão econômica, o que de certa forma os tornava pseudolivres. Os estrangeiros totalizavam somente 3,8% da população. Portanto, já não tínhamos uma população estrangeira no Brasil. O Brasil já era literalmente uma sociedade nativa à época.

Entre a população livre, que totalizava pouco mais de 8,4 milhões, 23,4% dos homens e 13,4% das mulheres foram considerados alfabetizados. Uma verdadeira legião de analfabetos. Em 1872 a população rural era predominante sobre a urbana. A população das capitais do Império representava apenas 10,41% da população total, ou 1.083.039 de habitantes. E nesse quadro, 48% da população urbana concentrava-se apenas no Rio de Janeiro, Salvador e Recife. A assimetria vista aqui se perpetuou ao longo do tempo. Isso é importante, pois os problemas sociais de periferia nascem justamente dessa assimetria.

A educação nunca foi uma prioridade, tanto no período colonial como no monárquico, fato demonstrado pela alta taxa de analfabetismo, indicada neste censo, já no final do século XIX. O censo nos revela que na população entre 6 e 15 anos, 17% dos homens e 11% das mulheres frequentavam escolas. Índices muito baixos, mesmo para o final do século XIX. Já por faixa etária, os números mostram que 24,6% da população eram de crianças menores de 10 anos de idade; 21,1% adolescentes e jovens entre 11 e 20 anos e 32,9% adultos entre 21 e 40 anos. A população mais velha não alcançava 30% e se dividiam em: 8,4% entre 41 e 50 anos; 12,8% entre 51 e 70 anos; e somente 3,4% com mais de 71 anos de idade. Isso nos indica uma população jovem e, sobretudo, sem uma cultura voltada para a escolarização.

Claramente não há registros de políticas públicas que incentivassem a frequência escolar. É curioso notar que em 1872 o Brasil tinha uma pirâmide etária jovem. E hoje, quase 150 anos depois, nossa pirâmide etária continua sendo jovem. Isso demonstra uma taxa de natalidade alta, juntamente com uma expectativa de vida baixa. Provavelmente fruto da evolução da qualidade de saúde pública. Essa tendência não é projetada para o futuro do país. O Brasil deve ser um país com predominância de população acima dos 50 anos nas próximas três décadas, segundo o próprio IBGE. Isso pode trazer graves problemas para o sistema previdenciário nacional.

Já no Censo 2010 (site IBGE), o Brasil aparece com 190.732.694 habitantes em 1º de agosto, data de referência. A população se urbanizou, agora são 84%. Portanto, em 138 anos de história a população urbana saltou de pouco mais de 10% para os tais 84%. Isso indica que o país não teve a capacidade de reter a mão de obra no campo, tornando-se um país de aglomerados, em poucas regiões metropolitanas, densamente povoadas. As duas maiores: São Paulo e Rio de Janeiro acumulam mais de 30 milhões de habitantes, por certo, número maior que muitos países europeus.

A região Sudeste ainda é a região mais populosa, tendo 80.353.724 habitantes. Entre 2000 e 2010, perderam participação as regiões Sudeste (de 42,8% para 42,1%), Nordeste (de 28,2% para 27,8%) e Sul (de 14,8% para 14,4%). Por outro lado, aumentaram seus percentuais de população brasileira as regiões Norte (de 7,6% para 8,3%) e Centro-Oeste (de 6,9% para 7,4%). Isso indica que o fato da capital do país ter se desenrolado no entorno do Rio de Janeiro até a década de 1960 e tendo São Paulo como a concentração da produção cafeeira e mais tarde o local do processo de industrialização, foram fatores fundamentais e jamais ultrapassados na distribuição da sociedade quer seja na sua ocupação demográfica quer seja nas questões econômicas. Portanto, mesmo a construção de Brasília e seu processo de interiorização não foram suficientes para uma distribuição mais equânime da ocupação nacional.

Analisando a questão de raças nos censos atuais, dos 191 milhões de brasileiros em 2010, 91 milhões se classificaram como brancos, 15 milhões como pretos, 82 milhões como pardos, 2 milhões como amarelos e 817 mil como indígenas. Quando comparado com o Censo de 2000, registrou-se uma redução da proporção de brancos. Em 2000 eram 53,7% e em 2010 passou para 47,7%, e um crescimento de pretos (de 6,2% para 7,6%) e pardos (de 38,5% para 43,1%). A população de pretos e pardos passou de 58% da população em 1872 para 50,7%. Isso indica que o perfil racial no Brasil não sofre alteração significativa desde 1872. O processo de "embranquecimento" que se tinha no império não deu o resultado esperado, pois a quantidade de pretos e pardos daquela época era semelhante à que vemos hoje.

A população sem instrução ou com fundamental incompleto totalizou 81.355.342 habitantes, enquanto com superior completo 13.455.172 habitantes no censo de 2010. Diferentemente de 1872, os censos atuais conseguem avaliar o analfabetismo em camadas da população, por exemplo: entre as pessoas de 10 a 14 anos, o índice de analfabetismo passou de 7,3% para 3,9%

em 11 anos, queda de 46,5%. Já entre os maiores de 15 anos — a mais crítica da sociedade — a taxa de analfabetismo caiu de 13,6% em 2000 para 9,6% em 2010, uma redução de 29,4%, mas são quase 14 milhões de analfabetos nessa faixa etária.

Apesar de cair em ritmo menor, o analfabetismo entre os maiores de 15 anos atingiu o menor percentual da história, desde o início da série em 1940. Comparando com os dados do censo de 1872, quando tínhamos um analfabetismo quase que total, os números do Brasil evoluíram muito, contudo, não o suficiente para eliminar ou mesmo mitigar a desigualdade existente no Brasil. Isso fica muito claro tanto em números relativos quanto em regiões.

O tema analfabetismo merece um olhar mais detalhado aqui, pois sua evolução tem sido sensivelmente insuficiente no desenvolvimento socioeconômico da nação ao longo desse último século. Para aprofundarmos a questão, vamos trazer dois acadêmicos educadores que publicaram um artigo na RPGE — Revista *on line* de Política e Gestão Educacional, v. 21, n. 1, p. 24-46, 2017, intitulado O analfabetismo no Brasil: Lições da História. Os autores, Ana Carolina Braga e Francisco José Carvalho Mazzeu nos contam que a educação dos povos nativos do Brasil pelos portugueses, esteve a serviço de um projeto de domesticação e aculturação que visava tornar a primitiva colônia um negócio lucrativo economicamente, aliás, corroborando com o que já dissemos aqui anteriormente. Citando Demerval Saviani, filósofo e pedagogo brasileiro, os autores pontuam: Essa educação trazida pelos portugueses introduziu o Brasil no mundo da cultura ocidental por meio de um processo envolvendo três aspectos intimamente articulados entre si: a colonização, a educação e a catequese (SAVIANI, 2008, p. 26). Essa constatação é claramente vista quando abordamos os três momentos da história. Nunca houve uma clara intenção do desenvolvimento sociocultural da nova colônia. O processo de colonização tinha como pano de fundo a exploração. Ainda segundo os autores, a intenção da alfabetização recaía tão somente em entender e acompanhar ativamente os ritos e sacramentos da religião. Esse ensino foi encomendado pela Coroa Portuguesa e pelo Papado com a missão de incorporar os selvagens aos costumes portugueses através da fé Católica.

Na década de 1750, por questões políticas, os jesuítas — até então responsáveis pela educação no Brasil — foram expulsos do Brasil e fez surgir uma nova modalidade de ensino no Brasil, segundo os autores do artigo: as aulas régias, ou aulas avulsas, nas quais a responsabilidade pela educação passa da Igreja para o Estado. A partir de então decorreu um período de educação deficiente, durante o qual as escolas foram abandonadas e praticamente nenhum investimento foi efetuado. Foram 13 anos sem escolas, apenas com a inserção de aulas avulsas ministradas por professores em sua maioria arranjados; aulas estas rejeitadas pela população, já que não seguiam o modelo até então existente (religioso) e caracterizavam-se pela fragmentação dos conteúdos e disciplinas. A grande maioria dos habitantes permaneceu à margem de qualquer instrução formal e de acesso à leitura e à escrita. Essa digressão nos mostra que a postura inaugural do processo educacional no Brasil tem exatamente essa gênese que claramente mostra sinais no contemporâneo desse terrível passado. Pois é esse Homem Comum, sem formação educacional que temos hoje no contemporâneo. É dele que cobramos a lisura de um comportamento social.

Mas, voltando aos dados do analfabetismo no Brasil, os autores mostram uma visão bem curiosa quanto aos números que temos. Segundo eles, o declínio das taxas de analfabetismo ao longo dos decênios entre 1900 a 2010, na população da faixa etária acima de 15 anos, se acentua entre as décadas de 1950 e 1960, com uma queda de 10,9 pontos percentuais, de acordo com os censos do IBGE. Os dados apontam uma forte redução percentual de analfabetos passando de 65,3% em 1940 para 9,6% no ano de 2010. Contudo, se analisarmos os valores absolutos, teremos outra percepção: em 1940 a população de maiores de 15 anos era de cerca de 23,6 milhões de habitantes para cerca de 13,2 milhões de analfabetos, algo como 56% de taxa de analfabetismo. Em 2010, a população de mais de 15 anos totalizou 144,8 milhões de habitantes para uma população de analfabetos de cerca de 13,9 milhões de habitantes. É importante destacar nessa visão, que as políticas públicas adotadas pelos governos não tiveram a eficácia necessária para reduzir esse enorme contingente de analfabetos que povoam o país. Apenas como registro, os autores relatam ainda que o processo educacional no império em nada ou quase nada alterou o quadro educacional: a escolarização deveria atingir toda a nação, porém como ainda era uma sociedade escravocrata, isso não ocorreu, chegando apenas aos homens livres, mesmo porque, com a crise econômica que se seguiu, a educação não era prioridade.

Fica claro que o processo de escolarização nunca assumiu um protagonismo a ponto de se tornar vetor transformador da sociedade brasileira. Os números nos revelam que muitos governos nacionais fizeram esforços no sentido de evoluir a educação no Brasil, contudo, o déficit que o país traz desde os tempos coloniais, passando pelo imperial, ainda não permitiu ao Brasil o salto de qualidade na educação de seu povo. A combinação da falta de protagonismo da educação e à imposição recorrente de uma cultura de um Estado dominador — formado por um poder público elitizado e sem grandes referências morais — compuseram o quadro do indivíduo do Brasil.

Apenas como ilustração, vale o registro da comparação dos índices educacionais do Brasil com os dos EUA. Segundo dados publicados na Folha de São Paulo em 26 de maio de 2007, a taxa de analfabetismo no Brasil caiu de 56,8% para 12,1% de 1940 a 2000. Segundo o Jornal, um avanço significativo, mas a comparação do Brasil de 2000 com os Estados Unidos de 1940 nos revela o quanto estávamos — e continuamos — atrasados. Naquele ano, o censo americano registrava uma taxa de analfabetismo de apenas 2,9%, patamar que ainda estamos longe de atingir. Os 12,1% de analfabetos em 2000 no Brasil são pouco maiores, até mesmo do que os 11,5% registrados em 1940, apenas para a população negra norte-americana. Ainda segundo o Jornal, a mesma comparação com os Estados Unidos de 1940 e o Brasil de hoje evidencia nosso atraso histórico no acesso à educação na faixa etária de 7 a 14 anos. O percentual de crianças estudando aumentou no país de 30,6% para 94,5%. Nos Estados Unidos, a universalização do ensino já estava bem próxima desde 1940, quando 84% das crianças de 5 a 17 anos estudavam. Brasil e EUA passaram por processos semelhantes de descobrimento, escravidão, *plantation* etc. Contudo, desde a independência americana em 1776 o país teve a oportunidade de trilhar outros caminhos diferentes dos adotados pelo Brasil, que experimentou um império por cerca de 70 anos, aprofundando ainda mais a dependência de um Estado na formação socioeconômica da nação e alimenta uma crescente desigualdade social. Portanto, a educação no Brasil é o caminho a ser ainda explorado como programa de Estado e não como medidas avulsas de Governos que, por ocasiões eleitoreiras, figuram nas pautas políticas e nas campanhas eleitorais. Desejamos mostrar nessa seção a evolução, ou a baixa evolução social, tendo como variável central a escolaridade. Como exigir que o Homem Comum dos dias de hoje tenha uma conduta ilibada se não lhe foi dada a opção pelo conhecimento. Se ele não teve a oportunidade de conhecer outras culturas. Se ele não teve a referência de um poder do Estado que lhe mostrasse os bons caminhos. As vantagens de se desenvolver como pessoa. Crescer e buscar melhores empregos e maiores rendas. Quando estudamos a corrupção de uma sociedade, é fundamental que venhamos a analisar sua vida pregressa, pois, sinceramente não acredito que qualquer um deseje o caminho do malfeito por excelência.

2.2.2. *Alguns aspectos da corrupção do Brasil dos anos 2000*

Mas voltemos ao tema corrupção, agora no Brasil contemporâneo. Para tal, vamos visitar um artigo, publicado na revista Exame em 24 de fevereiro de 2017, intitulado "Brasileiro ainda está em processo de cidadania", por Instituto Millenium. O artigo indica que o brasileiro tem dificuldades em respeitar leis e instituições. Diz o texto: Essa é a opinião dos especialistas do Instituto Millenium, o filósofo Roberto Romano e o antropólogo Roberto DaMatta. Romano acredita que o povo brasileiro ainda está aprendendo a viver em grandes sociedades urbanas e para DaMatta, a desobediência é uma herança da sociedade aristocrática e sinaliza status. O artigo continua, em entrevista ao jornal *Zero Hora*, Romano disse que o público espelha o privado e vice-versa:

Como em todas as relações sociais, há um movimento de imitação. Quando você tem um sistema político onde o recurso público é usado para fins privados, você tem uma sociedade onde o que é público não merece respeito. Pode estragar, quebrar. Nossa sociedade não tem o costume de respeitar o que é público e elege governantes que também não respeitam. É um espelhamento. (EXAME, 2017)

E Roberto DaMatta conclui: "são os últimos ecos de escravidão e de clientelismo que permeiam a sociedade brasileira. Esse quadro cognitivo, emocional, está nas nossas cabeças. Obedecer no Brasil é um sintoma de inferioridade". Isso denota o quanto o respeito às instituições flutua nas mentes como um estado de transgressão secular.

Mesmo tendo essa percepção bem clara em nossas mentes, um fato ocorrido no Brasil dos anos 2000 merece o maior destaque possível. Estamos falando da Lava Jato, a maior operação de combate à corrupção no ambiente público e corporativo do Brasil, em toda a sua história. Isso mesmo, não há precedentes na história do Brasil de algo que tenha sido tão contundente para grandes instituições públicas, até então inalcançáveis. A Lava Jato teve início em 17 de março de 2014 e investiga crimes de corrupção ativa e passiva, gestão fraudulenta, lavagem de dinheiro, organização criminosa, operações fraudulentas de moeda estrangeira, obstrução de justiça, recebimento de vantagens indevidas e tantos outros delitos.

Dividida em fases — à medida que as investigações da Polícia Federal avançam — até o momento a operação já contou com 70 fases operacionais, tendo à frente um juiz que veio a se tornar o paladino da justiça no Brasil: Sérgio Moro. Pelas investigações e colaborações premiadas, a Operação Lava Jato identificou o envolvimento em graves crime, membros administrativos da empresas estatais — tendo a Petrobras como maior ícone — parlamentares e políticos dos maiores partidos do Brasil, Presidentes e ex-Presidente, Presidente da Câmara dos Deputados e do Senado Federal, Governadores de Estados, além de empresários e executivos das maiores empresas privadas do país, sobretudo, dos ramos da infraestrutura e grandes construtoras. Apenas um registro ilustrativo, o nome da operação deveu-se ao uso de um posto de combustíveis para movimentar valores de origem ilícita, investigada na primeira fase da operação no estado do Paraná.

Ao completar 6 anos de operações, a força-tarefa do Ministério Público Federal (MPF) e da Polícia Federal (PF), divulgou à imprensa no dia 10 de março de 2020 que 293 pessoas foram presas, sendo 130 de maneira preventiva e 163 em caráter temporário, mais de R$ 4 bilhões foram devolvidos aos cofres públicos através de 185 acordos de colaboração premiada e 14 de leniência. A força-tarefa — da PF e do MPF — espera ainda que sejam devolvidos um total de R$ 14,3 bilhões, mas adianta que R$ 3.023.990.764,92 foram destinados para a Petrobras e, R$ 416.523.412,77 aos cofres da União. Durante as 70 fases operacionais foram cumpridas, além das prisões, 1.343 buscas e apreensões, 118 denunciados, 500 pessoas acusadas, 52 sentenças e 253 condenações, com penas aplicadas que somam 2.286 anos e sete meses de prisão. É importante ressaltar que a Lava Jato ainda não terminou, e que novas operações deverão ainda ser efetivadas elevando ainda mais esses recordes.

Para o contexto dessa pesquisa, o mais importante é a mensagem que a Lava Jato nos deixa. Em 500 anos de história de mandos e desmandos, essa operação — sem par até no mundo — fala ao Homem Comum que, pela primeira vez no Brasil a corrupção é punida nas esferas de poder. Todo cidadão que vive sob a cultura, que insistimos em replicar, geração após geração, de que nada é apurado com rigor quando se trata da elite ou do poder público, pôde notar que algo poderia ser diferente. Os próprios funcionários públicos viram que uma nova ordem poderia estar nascendo no Brasil. Essa referência de moral que o poder público tem como missão original, de passar aos membros de sua sociedade, tão vilipendiada na formação histórica do Brasil, deu algum sinal diferente daquilo que vimos desde sempre. Isso mesmo, desde sempre. A corrupção que veio de cima e se disseminou; a corrupção de poucos da elite que se tornou acessível a todos, encontrou agora uma barreira mais significativa. Essa grande mensagem foi posta. É óbvio que não podemos imaginar que a Lava Jato seja suficiente para mudar o quadro de corrupção que vemos tão disseminado no país. Lamentavelmente não podemos ter essa pretensão. Mas podemos festejar que finalmente vimos algo na contramão de tudo o que recorrentemente foi feito pela moral da sociedade. O poder público no Brasil foi exposto. Muitos disseram: "o Rei está nu!". E está mesmo. As vísceras de um poder público que sempre ditou a cultura nacional, que sempre fez suas revoluções para que o povo não tivesse que fazê-las, finalmente, estava exposto em todas as mídias — e numa era de mídias totais.

O site G1 do Sistema Globo publicou em 29 de janeiro de 2019 o estudo da Transparência Internacional, que colocou o Brasil na posição 105º, 9 posições abaixo em relação ao mesmo estudo de 2017. Este estudo avalia a percepção da corrupção no setor público em 180 países. O IPC (Índice de Percepção da Corrupção) pontua e classifica os países com base no quão corrupto o setor público é percebido por executivos, investidores, acadêmicos e estudiosos da área da transparência. O índice analisa aspectos como propina, desvio de recursos públicos, burocracia excessiva, nepotismo e habilidade dos governos em conter a corrupção. Apenas como ilustração, os dez melhores países foram: Dinamarca: 88 pontos, Nova Zelândia: 87, pontos; Finlândia: 85 pontos; Singapura: 85 pontos; Suécia: 85 pontos; Suíça: 84 pontos; Noruega: 84 pontos; Holanda: 82 pontos; Canadá: 81 pontos e Luxemburgo: 81 pontos. O Brasil somou 35 pontos, mesma pontuação da Argélia e da Costa do Marfim e atrás da Argentina. Cabe destacar que o Brasil vem caindo no ranking desde 2014. Em 2016, o Brasil ficou em 79º. Em 2017, o país estava na 96ª colocação. Para a Transparência Internacional, a piora da percepção da corrupção nos últimos anos coincide com o fenômeno da Lava a Jato, que tornou mais visível a corrupção sistêmica.

Essa afirmação foi feita por Bruno Brandão, diretor executivo da transparência internacional no Brasil. Ainda segundo o diretor, o que deveria ter acontecido era o país começar a olhar para a frente na luta contra a corrupção sistêmica e começar a aprovar reformas legais e institucionais para atacar a causa do problema. Sabemos que a corrupção foi disseminada. Mas sabemos, também, que a referência é o gatilho necessário para o contágio de todos no sentido da redução da banalidade das ilicitudes, disse Brandão. Cada Homem Comum tem que saber o ambiente em que está submetido. Se a moral não lhe é dada, como podemos exigir dele que nos contemple com ela. A moral é trocada pela moral.

Todo esse movimento levou o país a registrar em 2013, uma enorme manifestação popular, que atingiu as principais capitais e que aparentemente não teve nenhum partido político como protagonista. Esse movimento tem sido exaustivamente estudado, desde então, dado seu ineditismo, com inúmeras teorias. Sob o argumento de problemas de mobilidade urbana, redução dos preços das passagens de ônibus — jovens deflagram o estopim de um movimento social que varreu o Brasil. Essas manifestações ganharam corpo e no dia 20 de junho daquele ano atingiram seu ápice, tornando-se as maiores manifestações da história recente do Brasil, agora claramente exigindo o fim da corrupção e melhoria da qualidade dos serviços públicos.

Com todos os possíveis filtros político-partidários que podemos colocar, essas manifestações populares nos disseram muito sob a ótica da moral social. De forma clara, o Homem Comum disse naquele momento que seus próprios limites foram ultrapassados. Podemos imaginar que o Homem Comum enxergou que a falta de referência havia ultrapassado seus próprios limites. Os limites que a ausência da própria moral do Homem Comum havia determinado. Compreendo que essa postulação carece de uma análise mais profunda — e é por isso que essa pesquisa está sendo realizada — mas pelos fortes indícios que temos, podemos sustentar tais posições, até como uma provocação para estudos adicionais. Dentro da visão contemporânea do Brasil, é importante pontuar a mudança política ocorrida nas últimas eleições presidenciais.

A forma com que o atual presidente foi eleito merece registro, pois os mesmos limites morais que frequentaram as manifestações de 2013, atuaram para a mudança tão radical vista nas eleições de 2018.

Eufóricos após a vitória de Jair Bolsonaro, seus eleitores asseguravam nesta segunda-feira, 29, que com a chegada ao poder do agora presidente eleito haverá grandes mudanças em um Brasil atingido pela cor-

rupção, violência e recessão econômica". "Muitos eleitores decidiram apoiar Bolsonaro em grande parte pela rejeição ao seu adversário no segundo turno, Fernando Haddad, do PT, que governou o país de 2003 a 2016 e cujo líder, o ex-presidente Luiz Inácio Lula da Silva, está preso por corrupção e lavagem de dinheiro (EXAME, 2018).

Estas afirmações foram postadas num artigo da Revista Exame de 29 de outubro de 2018, que teve o título Apesar da euforia, muitos eleitores decidiram apoiar Bolsonaro em grande parte pela rejeição ao seu adversário no segundo turno, Fernando Haddad. Ainda segundo o artigo da Exame temos: "Embora milhões de brasileiros tenham saído da miséria durante o governo de esquerda, principalmente no mandato de Lula (2003-2010), uma parte da população relaciona o Partido dos Trabalhadores com os grandes escândalos de corrupção que afetaram o país" (EXAME).

A mudança de um governo de esquerda para um governo de extrema direita, de viés militarista, pode nos fornecer alguns importantes ingredientes na formação da cadeia de símbolos que falamos aqui. A eleição do atual governo transcendeu o cidadão de linha política definida, e atingiu uma classe que usou a circunstância do momento para dizer — através daquele voto — que a falta de uma moral social tinha uma linha limite, e que uma nova referência era urgentemente necessária.

Desde a redemocratização do país, a partir de 1985, os governos civis que vieram após a ditadura Militar, eleitos democraticamente, tiveram que lidar com a desigualdade social, o endividamento e a inflação herdada de períodos anteriores, ainda que, após o Plano Real, um novo ciclo tenha sido inaugurado. Inúmeros planos e tentativas de ajustes foram feitos visando à inserção do país numa agenda globalizada e numa conjuntura neoliberal, predominante nesse momento do mundo. Desde então, o Brasil teve sete presidentes: Fernando Collor (1990-1992); Itamar Franco (1992-1994); Fernando Henrique Cardoso (1995-2002); Luís Inácio Lula da Silva, o Lula (2003-2010); Dilma Rousseff (2011-2016); Michel Temer (2016-2018) e Jair Bolsonaro (2019-atual). Os 500 anos de história não foram suficientes para que o Brasil deixasse de depender da figura do Salvador da Pátria, ou messias que viria resolver todos os problemas da nação, que de certa forma sempre foram recorrentes desde a sua fundação. É onde nos inserimos, quando constatamos a necessidade da existência dos salvadores da pátria no Brasil. Por que o Homem Comum precisa tanto de um salvador da pátria? A história brasileira não nos indica isso? De qualquer forma, essa questão nos interessa e é um dos objetos de nossa pesquisa.

Eventos de corrupção não faltaram no poder público desde então. A prisão do ex-presidente Michel Temer (MDB/SP), ainda que em caráter preventivo e sem condenação, mostra que nesses 35 anos de presidentes eleitos, apenas o ex-presidente Itamar Franco (1992-1994) não teve problemas com a Justiça — ainda que eventuais matérias de jornais tenham formulado ilações a seu respeito. Todos os outros presidentes enfrentaram problemas de diversas naturezas tendo a corrupção sempre como pano de fundo. Uma triste estatística que só reforça a percepção de que a mentalidade do malfeito ainda não foi frontalmente atacada como cultura estabelecida. Ainda que tenha sido frontalmente ferida com a Lava Jato.

Desde então, a Lava Jato tornou-se um símbolo do combate à corrupção, entretanto, toda essa nova atmosfera é recente diante dos 500 anos de uma história de clientelismos, dotado de um sistema de autopreservação que insiste em sobreviver.

Para encerrarmos essa seção, vamos trazer, a título de ilustração, três fatos casos publicados em jornais de grande credibilidade, que mostram que esse Brasil contemporâneo tem forte aderência ao Brasil de ontem, e que tenta, de todas as formas, resistir a iniciativas de uma Lava Jato na construção de um Brasil do amanhã. Senão vejamos:

Primeiro Fato Jornalístico: "Em 2 meses, governo gasta R$ 4,8 bi em pensões" — Jornal O Globo — 14/01/2020 — Caderno de Economia.

Segundo o Jornal, só em dezembro de 2019, uma única pessoa recebeu R$ 573 mil. Benefícios incluem viúvas, filhas solteiras maiores de idade e companheiros homoafetivos. Tais dados, cuja fonte foi o Portal dos

Dados do Governo, mostram que apenas em dezembro, benefícios para viúvas de membros do governo federal atingiram cerca de R$ 763 milhões, para filhas solteiras cerca de R$ 254 milhões, para Cônjuges cerca de R$ 162 milhões, companheiros cerca de R$ 117 milhões e filhos maiores inválidos cerca de R$ 51 milhões. Cabe destacar que o teto de salários do funcionalismo público é de R$ 39.293,32. Assim, nenhum servidor pode ganhar ou poderia mais do que esse valor. O artigo destaca que dos 303.790 pensionistas que receberam algum valor em dezembro, 386 tiveram rendimentos superiores ao teto estipulado em Lei. O artigo registrou salários, em dezembro, acima dos cem mil Reais no Governo do Distrito Federal, no Ministério da Economia, na Advocacia Geral da União e no Ministério do Trabalho e Emprego. Esse artigo é assinado pelo jornalista André de Souza — andre.renato@bsb.oglobo.com.br.

Se voltarmos ao momento da colonização, veremos que os funcionários régios gozavam dos melhores privilégios em relação a todos os outros trabalhadores em geral. Vimos também que privilégios também foram identificados na Monarquia, como também na Era Vargas. Podemos depreender que benefícios a funcionários públicos têm sido prática recorrente ao longo da história brasileira, constituindo claramente uma estratificação e uma distinção significativa entre indivíduos. Ademais, há aqui uma flagrante quebra de regra, pois tais proventos excedem o teto previsto constitucionalmente. Isso também encontra aderência nos fatos relatados nos momentos históricos descritos anteriormente, pela banalização à transgressão às leis estabelecidas. Cabe destacar que o salário mínimo vigente no momento dessa publicação é de R$ 1.039 e, segundo o IBGE, é renda mensal de cerca de 60% da população brasileira ou aproximadamente 54 milhões de brasileiros empregados com carteira assinada.

Segundo Fato Jornalístico: "Atraso secular" — Jornal O Globo — 18/10/2019 — Artigos — Merval Pereira.

O artigo relata os meandros e caminhos da justiça brasileira, usados para postergar os processos judiciais, atrasando ou amenizando as sentenças, visando o favorecimento de pessoas ou grupos de interesses. O autor nos relata que a discussão que começou ontem no Superior Tribunal Federal (STF) sobre a prisão em segunda instância repete o que ocorreu em 1827, quando Bernardo Pereira de Vasconcelos, jornalista e deputado do Império, subiu à tribuna para criticar o que considerava um excesso de recursos no sistema judicial brasileiro. Passaram-se 192 anos e ainda não chegamos a uma conclusão. O artigo versa sobre os caminhos tomados pelo processo de prisão em segunda instância que, segundo o jornalista, vem literalmente patinando na profusão de instâncias recursais, herança de nossa colonização portuguesa, quando chegou a haver quatro ou cinco instâncias: a primeira, uma segunda, que era o Tribunal de Relação, uma terceira, a Casa de Suplicação e uma quarta, o Supremo Tribunal de Justiça, que originou o STF, e graça real, o último recurso ao Rei. A aderência neste caso é clara. Relatamos aqui o Tribunal de Relação da Bahia e os descaminhos vistos na gestão daquele órgão. É interessante notar que mesmo quase dois séculos após aqueles fatos, vemos recorrentemente os mesmos fatos sendo, naturalmente, reeditados. Vale destacar que Bernardo de Vasconcelos (1795-1850), autor do projeto legislativo do Código Criminal do Império, em vigor em janeiro de 1831, defendia que os recursos não deveriam suspender a condenação, exceto em pena de morte. Mais de 150 anos após, há claro apoio dentro do atual STF pela prisão após o trânsito em julgado, cuja alegação é a injustiça potencial de que um inocente possa cumprir pena. Só deveria ir para a cadeia quem fosse indiscutivelmente culpado. Chamo a atenção aqui para a similitude de fatos, mesmo que tão distantes na história. O artifício das leis vem sendo utilizado recorrentemente em favor de grupos dominantes, disseminando uma assimetria que só nos deixa uma mensagem de impunidade, e de que os Homens sempre são tratados segundo a importância que detêm.

Terceiro Fato Jornalístico: "Funcionalismo — Número de servidores sobe 82% em 20 anos e país já gasta 10,7% do PIB com salários" — Jornal O Globo — 19/12/2018 — Caderno de Economia — assinado por Daiane Costa — daiane.costa@oglobo.com.br.

Segundo a matéria, em pouco mais de duas décadas, entre 1995 e 2016, o número de servidores públicos ativos nas três esferas administrativas cresceu 82,4% passando de 6,26 milhões para 11,5 milhões. Nesse período, a expansão da população brasileira foi de cerca de 30%. O que chama a atenção aqui é a massa salarial do funcionalismo brasileiro, considerada alta para padrões internacionais, segundo relatório do Banco Mundial, divulgado no final de 2017. Para o banco, essa massa salarial que chega a 13,1% do PIB em 2015, supera Portugal e França. Ainda segundo o relatório, países desenvolvidos como EUA e Austrália possuem massa salarial de cerca de 9% do PIB. O Chile, país latino-americano, atinge cerca de 6,5% do PIB. O Banco conclui que essa massa acima da média, se dá principalmente pelos valores excessivos dos salários dos servidores federais. Embora o tema seja polêmico e permita diversos olhares, o que vale aqui registrar é a continuidade dos valores percebidos pelos funcionários públicos, que se mantém acima dos demais por toda a história analisada. Podemos depreender que essa assimetria tem papel preponderante na geração da desigualdade que vemos hoje, impactando no comportamento da formação social da nação. E essa afirmativa pode carecer de maiores análises para sua completa efetivação, contudo, temos aqui, claras evidências que nos credenciam a essa ilação.

O momento político brasileiro é bem peculiar. A lava jato quebrou o silêncio da impunidade que sempre reinou, contudo, o próprio sistema insiste em sobreviver. Sentenças que inocentam e abrandam crimes, a máquina pública que ainda reverbera más notícias minam a credibilidade da formação de uma nova moral social. Na base dessa pirâmide está o Homem

Comum que vive dessa cultura diária e que, no final do dia, frequenta o divã do analista, revendo suas agruras como se elas fossem exclusivas dele. Aquela terapia que interpreta o "jeitinho brasileiro" como uma ação exclusiva do analisado, talvez sem se atentar que todo aquele que se deita naquele divã, sofre dos mesmos males da falta de referência a que todos estamos submetidos.

Fica aqui a minha percepção de que o analista devesse compreender mais a conjuntura político-social do país como forma de enriquecer sua coleção de ferramentas para analisar aquele que da sociedade sai, para problematizar seu individualismo.

Vivemos num país em que ninguém faz a sua parte. Grifo essa postulação por ser absolutamente pessoal. Em nada adianta, ao final do dia, resmungarmos que o político não fez isso, ou fez irregularmente aquilo. Na verdade, estamos apenas tirando das nossas psiquês, algo que deveríamos, há muito, ter feito. É realmente muito mais fácil encontrarmos culpados do que enxergarmos nossas próprias falhas.

A sociedade brasileira desde sempre foi uma sociedade tutelada. As elites sempre se sentiram confortáveis em dominar a sociedade, e essa sociedade sempre se sentiu confortável em ser dominada. Lamentavelmente, esse equilíbrio tem sido perfeitamente constante ao longo do tempo. Contudo, experimentamos os limites a cada dia. A partir de 2013 e com a Lava Jato, entendemos que novos sinais possam ter sido dados ao Homem Comum, que sempre se acomodou na relação Sociedade versus Estado. A consciência será a arma a ser usada para romper o equilíbrio que manteve a deletéria fórmula da sociedade que vimos até aqui.

A corrupção veio para o Brasil pelas mãos do poder que aqui chegou. A corrupção sempre foi uma primazia dos poderosos e autoridades. Isso nos foi contado pela História. Contudo, em algum momento essa primazia foi ultrapassada. Hoje, é clara a sensação desse transbordamento. O Homem Comum passou à prática do malfeito de forma aberta e sem qualquer constrangimento que eventualmente tivesse. Será que ele se cansou de ser o pária dessa história? O fato é que ele efetivamente não é mais aquele Homem Comum dos tempos remotos. A questão posta nessa pesquisa é: por quê? Por que dessa banalização tão perceptível? Enquanto a pesquisa até aqui viu todo o entorno desse Homem Comum, a cultura que ele viveu, o Poder Público que o comandou, toda a repressão que ele foi submetido; agora, no próximo capítulo vamos nos debruçar nele como sujeito. De posse de tudo aquilo que ele viveu, vamos focar nesse sujeito e ver o porquê ele chegou aonde chegou. E vamos fazer isso sob o olhar da psicanálise.

3.
A CORRUPÇÃO BRASILEIRA NA VISÃO DA PSICANÁLISE

A psicologia do indivíduo corresponde à psicologia das nações. As nações fazem exatamente o que cada um faz individualmente; e do modo como o indivíduo age a nação também agirá.

Carl Gustav Jung

O fato superveniente que sustentamos aqui é que a corrupção no Brasil sempre orbitou a esfera das elites. Nós vimos isso na viagem que fizemos pela história. Ao Homem Comum restavam os pequenos delitos que, quando pegos, eram punidos com severidade. Nos períodos anteriores à primeira metade do século XX (inclusive), a corrupção era restrita às camadas da elite, sobretudo, daqueles que integravam o poder público.

Já ao longo da segunda metade do século XX, o ato de transgredir — a corrupção como definimos no início desse trabalho — ficou, sensivelmente mais banalizado no cotidiano brasileiro. Como se essa transgressão não tivesse mais a repressão suficiente do poder público, e passasse a estar ao alcance de todos. Por certo a repressão havida não foi capaz de conter o derramamento da prática para todos os estratos da sociedade. Não que o ato de transgredir tenha sido inaugurado para a massa da população nesse momento. Não foi!

Mas fica evidente que a corrupção sempre fez parte da sociedade brasileira, mas deixou de ser uma primazia dos mais poderosos em algum momento. É como se todo Homem Comum se sentisse no direito de, também, transgredir — algo como: se eles podem, eu, agora, também posso.

Esse capítulo seguramente é o mais denso de todo o trabalho, pois nele pretendemos construir o nosso marco teórico que é a Perversão Social e, definirmos o perfil do Homem Comum no contemporâneo assim como seu processo de corrupção. Para tal, vamos dividir o capítulo em duas partes: Na primeira parte, 3.1. O SUJEITO, OS LAÇOS SOCIAIS E A PERVERSÃO SOCIAL, vamos visitar os conceitos do Sujeito, do processo de Subjetivação, as características dos Laços Sociais e finalizar com o conceito da Perversão Social; na segunda metade, 3.2. QUEM É O HOMEM COMUM CONTEMPORÂNEO E QUE MODELO DE CORRUPÇÃO ELE VÊ NO BRASIL?, vamos caracterizar o Homem Comum do contemporâneo, onde apresentaremos a pesquisa de campo realizada. Complementando essa metade, vamos visitar o ambiente do modelo de corrupção que esse Homem Comum vê no Brasil de hoje. Assim, passamos à primeira parte:

3.1. O SUJEITO, OS LAÇOS SOCIAIS E A PERVERSÃO SOCIAL

A grande diferença de uma análise sociológica ou antropológica para uma análise sob a ótica da psicanálise é que na visão da sociologia, da antropologia e, até da filosofia, os estudos olham o indivíduo de forma monolítica, sem dividi-lo. É como se todo o processo de simbolização e, em última análise, de subjetivação, fosse posto como ponto de partida. Tais ciências, sem nenhum demérito, analisam o seu comportamento, por excelência. O que a psicanálise pode se diferenciar, nesse caso, é a sua capacidade de pegar esse mesmo indivíduo e dividi-lo. É entender de forma mais profunda os elementos básicos do seu processo de decisão. Nesse processo de divisão desse indivíduo, nasce o conceito de sujeito. Existe um sujeito dentro do Homem Comum, e é ele que o comanda. Esse comandante sujeito sofre essa formatação que chamaremos de subjetivação.

Esse Homem Comum se relaciona com seus pares, que também possuem seus respectivos sujeitos, tudo isso num intrincado relacionamento que chamaremos de laços sociais. Essa seção será dedicada a esses conceitos, obviamente sob a ótica da psicanálise que, por certo, nos fornecerá importantes ferramentas para o conhecimento do Homem Comum. Senão vejamos:

3.1.1. O sujeito e o processo de subjetivação

É interessante começarmos pontuando que a psicanálise surge num mundo aonde o discurso da ciência já vinha substituindo o discurso teológico a partir de Descartes (1596-1650) e, por conseguinte, toda noção de subjetividade já passava pela razão, conduzida por um estado de consciência. No bojo da evolução dessa epistemologia, importantes figuras, tais como Nitezsche (1844-1900) e o próprio Freud propõem uma clivagem (divisão) dessa subjetividade, Assim, Freud, evoluindo com essa noção de clivagem, propõe a existência de uma instância inconsciente, que juntamente com a instância consciente formariam a estrutura psíquica. Para ele, essa instância inconsciente seria caracterizada com sua lógica própria, adversa à consciência, e que efetivamente constituiria a subjetividade. Assim, em 1900, na sua obra *Interpretação dos Sonhos* (1900), Freud apresenta a concepção do aparelho psíquico dividido nas instâncias consciente, inconsciente e pré-consciente. Para Freud, é no inconsciente que se encontram as forças sublimadas por algum agente que o reprimiu, os impedindo de chegar ao nível da consciência. É basicamente o recalque daquilo que a instância da consciência, por alguma razão, não quis se haver naquele momento. Poderíamos arriscar que o sofrimento é o que reprime algum conteúdo. Nossa mente visa a autoconservação e procura afastar da instância consciente qualquer conteúdo que leve dor, ou que o ponha em risco. Sendo assim, a questão que se põe, ato contínuo, é: mas quando começa esse recalque?

Para aprofundarmos na questão, temos que falar do Complexo de Édipo, fundamento básico na teoria freudiana. Este termo — Complexo de Édipo — é originário da mitologia grega, a partir da tragédia grega "Édipo Rei", escrita originalmente por Sófocles, em 427 a.C.

Complexo de Édipo é uma fase do desenvolvimento psicossexual da criança, que se caracteriza quando esta começa a sentir uma forte atração pela figura materna, e se rivaliza com a figura paterna. Segundo Freud, este Complexo surge entre os 3 e 5 primeiros anos da vida de uma criança, onde nesta fase se desenvolve um "desejo incestuoso" da criança pela mãe, ao mesmo tempo que cria uma relação de conflito e disputa com o pai.

Como pretendemos chegar ao conceito do sujeito, tema central dessa seção, vamos apresentar os três tempos que compõem o Complexo de Édipo na visão de Lacan, pois ele integra, nesse Complexo, a constituição do sujeito, situando o desejo e a falta como elementos fundamentais na existência humana. Em sua obra: *O seminário, Livro 5 As formações do inconsciente*

(1999), Lacan nos relata os tempos do Complexo de Édipo da seguinte forma, diz o autor:

Primeiro tempo: *O que a criança busca como desejo de desejo, é poder satisfazer o desejo da mãe, isto é,* to be or not to be *o objeto do desejo da mãe.* (LACAN, 1999, p. 197)

Nesse momento, Lacan introduz dois pontos: um que corresponde ao que é Ego[6], e em o que corresponde ao outro, aquilo que a criança se identifica, esse algo diferente que ela vai procurar ser, ou seja, o objeto satisfatório para a mãe. Lacan ainda nos diz que qualquer alteração que a criança percebe em si, ela mostra à mãe no intuito de saber se, ela mesmo é capaz de alguma coisa (basicamente trazer a atenção para si). A criança procura e encontra, na medida em que a mãe é interrogada pela demanda da criança. Complementando, Lacan diz que também a mãe está em busca de seu próprio desejo. Na sequência temos o tempo seguinte.

Segundo Tempo: *Eu lhes disse que, no plano imaginário, o pai intervém efetivamente como privador da mãe, o que significa que a demanda endereçada ao Outro[7], caso transmitida, como convém, será encaminhada a um tribunal superior, se assim posso me expressar.* (LACAN, 1999, p. 198)

Aqui, temos o que a Psicanálise chama de castração simbólica. Ou seja, a criança reconhece que falta algo à mãe, que não é ela (a criança). Nesse momento, a criança ao dirigir-se à mãe, depara-se com a existência de um Outro, neste caso um Outro como o lugar da lei, a lei que a mãe deve se submeter. A mãe é dependente de um objeto, que já não é simplesmente o objeto de seu desejo, mas um objeto que Outro tem ou não tem, complementa o autor. E Lacan segue:

> *A estreita ligação desse, remete à mãe a uma lei que não é a dela, mas a de um Outro, com o fato de o objeto de seu desejo ser soberanamente possuído, na realidade, por esse mesmo Outro a cuja lei ela remete, fornece a chave da relação do Édipo. O que constitui seu caráter decisivo deve ser isolado como relação não com o pai, mas com a palavra do pai* (LACAN, 1999, p. 199)

Esse momento do Complexo caracteriza o absolutismo da intervenção, do Pai como figura e, em última análise, da Lei (esse conceito nos será útil quando analisarmos o Homem Comum, que por analogia, levaremos esse conceito para o campo social). Podemos depreender que caso esse momento não seja devidamente cumprido, sérios problemas poderão advir daí, como a não constituição da figura da lei. Segundo Lacan, a terceira etapa do Complexo é tão importante quanto a segunda, pois é dela que depende a saída do Complexo de Édipo. Lacan nos diz sobre o terceiro tempo:

O terceiro tempo: *o pai pode dar à mãe o que ela deseja, e pode dar porque o possui. Aqui, intervém, portanto, a existência da potência no sentido genital da palavra — digamos que o pai é um pai potente. Por causa disso, a relação da mãe com o pai torna a passar para o plano do real.* (LACAN, 1999, p. 200).

O autor complementa dizendo que a identificação que pode ser feita com a instância paterna, realiza-se aqui, portanto, nesses três tempos. Sintetizando então: no primeiro tempo a instância paterna se introduz de forma velada; no segundo tempo, o pai se afirma em sua presença privadora, como aquele que suporta a lei; no terceiro tempo o pai se revela como aquele que tem (nesse caso o falo). Segundo Lacan, isso é a saída do Complexo de Édipo, como saída favorável na medida em que a identificação com o pai é feita, no qual ele intervém como aquele que tem o falo. Segundo o autor, essa identificação chama-se Ideal do eu.

Portanto já vimos os conceitos de castração, apresentado aqui no Complexo de Édipo, recalque, além das instâncias: consciente, inconsciente e o Outro. Podemos, então, responder à questão que se pôs: o início do recalque? Ele se dá no momento da castração. Essa é a saída do Complexo que falamos. Para evoluirmos na definição do sujeito, outro importante conceito deve ainda ser visitado: o desejo.

O desejo, na psicanálise, é um conceito fundamental que atinge todo aparelho psíquico. Em Freud o conceito de desejo é posto em seus primeiros escritos como no texto de Projeto de Psicologia Científica (1895/1950) e na Interpretação dos Sonhos (1900), onde é apresentada a questão do desejo inconsciente e a sua relação com os sonhos. Para Freud, o desejo não é uma necessidade que se satisfaça através de um objeto, como o desejo de ter algum alimento para comer ou algo assim. O desejo para Freud é algo do inconsciente, do retorno a coisas mnêmicas[8] de satisfação, ou seja, algo relativo a uma experiência prazerosa, onde se espera que a satisfação se repita. O desejo surge no momento do desprazer, ato contínuo de se buscar o prazer. Portanto, o desejo é essa descarga de excitação que busca repetir o prazer, a partir da lembrança da satisfação primeira. Ou seja: Freud estabeleceu como os desejos iniciais na infância — o incesto e a morte do pai — desejos perturbadores à ordem externa social, que faz com que estes sejam recalcados. Para Roudinesco (1998, p. 147), "é no sonho que reside a definição freudiana do desejo: o sonho é a realização de um desejo recalcado e a fantasia é a realização alucinatória do desejo em si".

Para Lacan, o desejo é uma ação de repetição e de reformulação de um determinado conjunto de traços mnêmicos de satisfação, que ele intitulou como significantes[9]. Ele situa o desejo entre a demanda e a necessidade, na impossibilidade do objeto. Inspirado nos conceitos hegelianos[10] de alteridade, Lacan nos diz que o desejo se dá pelo reconhecimento e busca de se apropriar do desejo do Outro. Assim, para Lacan, o ser humano deseja ser desejado por outro ser humano.

Portanto, é a partir do outro que o sujeito orienta seu desejo e sua relação com a sociedade de forma geral. No seminário 5 (1999), Lacan nos diz que toda castração está ligada à evolução, ao progresso, e à maturação do desejo no sujeito humano. A proibição inicial do desejo nasce no sujeito, por ocasião das interdições do mundo externo — da sociedade, a partir desse ponto, o mecanismo de recalque leva o sujeito a afastar da consciência a presença desses desejos. Assim, podemos depreender que tanto para Freud quanto para Lacan, o desejo é o que nos impulsiona, e que media todas as nossas percepções e relações subjetivas com o outro e com a sociedade.

Portanto, podemos, então, concluir a definição do sujeito, frisando que sua definição na Psicanálise, vem das elaborações do próprio Lacan. Não há esta formulação na obra de Freud, embora Lacan a tenha construído a partir das experiências clínicas de Freud. Partimos aqui da condição axiomática de que o ser humano é um ser falante, da linguagem, e que o sujeito sobre o qual se ocupa a Psicanálise é, antes de tudo, o sujeito pensado a partir da concepção do inconsciente. Assim, um novo Ser que precisa e se separa desse Outro para se constituir a partir do seu próprio desejo, e é essa separação que o torna um sujeito desejante.

E será — desejante — porque ao se separar desse Outro, fica exposto a sua falta, e é exatamente essa falta que o move para a realização do seu desejo. Portanto, só existirá sujeito se existir a falta. E essa falta só aparece se houver a separação desse Outro. Ainda na teoria psicanalítica, é nessa separação que se funda o inconsciente, ocorrendo à separação entre o Eu (Ego) e o Sujeito.

Assim, portanto, o sujeito na psicanálise não é um ser físico como um indivíduo. Ele não é um ser que nasce. Ele habita o indivíduo e se constitui pela negação, ou seja, pela falta, pelo desamparo e pela relação com o Outro, tendo a linguagem como elemento essencial em todo o processo de construção do sujeito.

Essa linguagem, nomeada de sistema de linguagem por Lacan, tem suas regras específicas e é constituída de palavras, que chamaremos aqui de significantes, que só tomam sentido na medida em que se diferenciam uns dos outros. Por obviedade, ainda, podemos postular que toda a transmissão na espécie humana é feita por esses significantes. Portanto, as palavras, ou melhor, os significantes que permitirão aquele novo Ser de se tornar um sujeito, são as palavras dos pais ou daqueles que desempenharem tal papel. Portanto, os significantes do Outro farão nascer naquele Ser um sujeito.

A partir dessa concepção do conceito de sujeito, podemos partir para o processo de subjetivação, que, em rápidas palavras, é o processo de transformação/aculturamento contínuo do sujeito. Para trabalharmos melhor a questão, vamos trazer Jean-Pierre Lebrun, psicanalista belga que nos diz em seu livro *A perversão comum; viver junto sem o outro* (2008, p. 52), o seguinte: "É isso que implica o processo da subjetivação: notemos, antes de mais nada, que, a alteridade não está primeiro nos outros, mas no próprio seio de cada um". O autor nos mostra que todo o processo de reconhecimento parte da presença do outro, como já vimos isso em Lacan. Inicialmente um Outro, que Lacan chama de pai ou a mãe pela maior proximidade e, posteriormente pelos outros que o acompanharão, como já vimos anteriormente.

Lebrun nos diz que se um sujeito pode emergir do que lhe vem do Outro, ou até mesmo dos primeiros outros — aqui os mais próximos no período de sua constituição — é porque no lugar do Outro está faltante o significante, que diz o que ele é. O que podemos depreender é que esse Outro também é um ser da falta. É um ser barrado[11], na linguagem lacaniana. E assim, vivemos num sistema de faltas. Onde não há garantias do que vem do Outro ou dos outros — para uma satisfação plena. Nesse contexto o autor pergunta: Como esse sujeito consegue se sustentar como sujeito a partir dessa negatividade que o constitui? Por que então não permanecer imerso no Outro?

Segundo Lebrun, para traçar sua própria via, esse sujeito deverá se apropriar desse vazio, dessa negatividade, ao fazer sua, essa falta do Outro. Ele cita o exemplo de uma criança que, ainda que hesitante, deixa a borda da piscina para tentar suas primeiras braçadas. E Lebrun conclui que esse sujeito só conseguirá tal feito após ter-se, de certo modo, autorizado a fazer objeção a esse Outro. É justamente esse trajeto que o autor irá chamar de *Subjetivação*. Nesse momento o sujeito está apto a viver o processo de trabalhar sua condição de sujeito por toda a sua vida, carregando consigo toda a bagagem que irá acumular na sua vida psíquica. Lebrun chama essa caminhada de trajeto de humanização.

Em suma, inicialmente esse novo Ser será aquilo que os próprios pais lhe disserem o que ele é, para na sequência de seu crescimento, ele atingir a fase do Não, e poder contestá-los. Apenas como complementação, para Lacan, o fato de não dispor desse ponto de apoio para fazer objeção ao Outro, esse Ser cai no que chamou de "Foraclusão do Nome-do-Pai[12]". Tudo isso ocorrendo dentro da linguagem, como reiteramos. Portanto, o falar especifica o humano e, por conseguinte, a humanidade.

Para Lacan, a linguagem é mais que um veículo, ela subverte a natureza biológica do humano. Lebrun conclui dizendo que a palavra é a um só tempo a presença e a ausência da Coisa[13]. É a prática da dialética da presença e da ausência. É por isso que nenhum objeto nos satisfaz, nenhuma coisa pode preencher, ou melhor, satisfazer plenamente o humano.

Se o processo de subjetividade é influenciado por fatores psíquicos internos, não podemos nos esquecer de que fatores externos também exercem substancial influência nesse processo, nos diz a psicanalista Maria Isabel Szpacenkopf em seu livro *Perversão Social e reconhecimento na atualidade* (2011). Nesse contexto, a autora cita um importante filósofo e sociólogo alemão chamado Axel Honneth, hoje com 71 anos, muito dedicado ao tema, que nos diz:

> *Neste processo de subjetivação encontram-se inseridas vertentes tais como a autoestima, a auto-confiança e o autorespeito resultantes de troca nas relações intersubjetivas, acolhidas e suportadas não só por aspectos que vão desde o amor, como também pelas relações jurídicas e de estima social, nas quais o Estado participa na tarefa de formação de indivíduo capazes* (SZPACENKOPF, 2011, p. 18).

É importante destacar que o Homem Comum que vive em sociedade, interioriza os aspectos da convivência com seus pares que, por conseguinte, participam do processo dessa subjetivação a cada momento, num turbilhão de informações e sentimentos que chamaremos de afetos, que ao final, trabalhará na concepção desse sujeito assim como no de todos. Somos seres históricos e o processo de subjetivação é frequente, contínuo e parte da existência.

A realidade do contemporâneo tem sido cruelmente pesada ao longo das últimas décadas. Pudemos ver isso quando visitamos "O Mal-Estar da Civilização" no capítulo inicial e, agora, podemos ver o que tal conceito pode acrescentar nessa análise final. O recrudescimento da insegurança e da violência causa um medo incessante com muitos efeitos colaterais no sistema psíquico de cada um de nós. Tudo passou a ser muito veloz. Tudo passou a ser muito raso. Tudo passou a ser muito. Simplesmente muito. É o processo de civilização que avança e intoxica a todos nós.

Szpacenkoptf (p. 25) também compartilha da mesma visão em sua análise do processo de subjetivação. A autora nos diz: o excesso passou a ser a palavra de ordem. Tanto o processo de subjetivação quanto as subjetividades encontram-se influenciadas e submersas na política de mercado que impõe a lógica de consumo e funciona como ideal de ego, diz a autora. Chegamos, assim, ao ponto que perseguíamos, que era entender o que se dividia no Homem Comum, quando iniciamos a análise pela visão da psicanálise. Já sabemos que o Homem Comum é regido e comandado por um sujeito. Sabemos, também, que esse sujeito é subjetivado, e vimos aqui os principais fatores determinantes dessa subjetivação, ou pelo menos a sua construção. Nunca é demais lembrar que estudamos a transgressão do Homem Comum do contemporâneo, a partir da corrupção vinda do Estado. Nessa concepção, analisaremos o sujeito desse Homem Comum e a sua subjetivação para a transgressão, até alcançar a Perversão Social.

Mas para chegar a essa condição de comportamento de Perversão Social, penso que seja necessário analisar dois importantes aspectos: o Ser do Homem Comum e, sobretudo, os Laços Sociais que esse Sujeito do Homem Comum estabelece. Identificamos um processo de mutação desses Laços que deverá ser decisivo na construção final do sujeito do Homem Comum contemporâneo. Portanto, vamos passar a esse Ser:

3.1.1.1. O ser do homem comum

Vimos que o processo de subjetivação pode ser influenciado pelas políticas sociais e pelo mercado em si, visão sustentada por Lebrun e Szpacenkoptf, que complementa ainda, que essa lógica acaba funcionando como ideal do ego e, cabe inscrevermos, portanto, no processo em questão. Esse ego, mediador das forças pulsionais[14], sobretudo, aquelas relacionadas à pulsão de morte[15], ao ser depositário das forças que se opõem, torna-se, portanto, um espaço de eternos conflitos. A autora nos diz que o Ser é de primeira ordem na questão da identificação, do processo imediatamente convocado pelo narcisismo[16]. Ela prossegue:

> *Nos dias atuais, com o desenvolvimento da comunicação e com a cultura da imagem e do consumo ditando as normas e valores, Ser aproxima-se bastante da identificação à imagem — o que implica aderir aos comportamentos atrelados ou sugeridos por ela.* (SZPACENKOPF, 2011, p. 25)

A autora ressalta a atual quantidade de códigos e exigências socioculturais a que esse Ser está submetido. Esse mesmo Ser que ela estende para o saber-ser e o querer-ser. Toda essa enxurrada de informações/ solicitações acaba por levar esse Ser a um processo de esgotamento. A indústria da cultura — tão presente no mundo ocidental — como descrita pelos filósofos

Theodor Adorno (1903-1969) — e Max Horkheimer (1895-1973), conforme artigo de João Francisco Cabral intitulado Conceito de Indústria Cultural em Adorno e Horkheimer (2020), possui padrões que se repetem com a intenção de formar uma estética ou percepção comum voltada sempre ao consumismo. Tal movimento oferece seus encantadores produtos visando uma satisfação compensatória e efêmera, que agrada a esse(s) Ser(es), que são submetidos a seu monopólio. Na visão dos autores esse processo tem como um dos seus objetivos principais tornar esse(s) Ser (es) acrítico(s).

Voltando a Szpacenkopf, essa sociedade cultural oferece uma grande variedade de modelos, de personagens que fomentam identificações, o que se aproxima ao que ela chama de sujeitos-imagens. A autora complementa:

> *Estes, representantes do vazio da era do consumo, transitam sem a ancoragem necessária à produção de riqueza interna, sustentados pela aparência, refletida enquanto ego ideal, e, pela performance, apresentam uma existência vaga e errante, com prejuízo na capacidade criativa e de fantasiar* (SZPACENKOPF, 2011, p. 25).

A autora conclui dizendo que "sou aquilo que vi e gostei; funciono seguindo o ideal social e cultural e me coloco à disposição dessa tarefa" (p. 25). Nessas palavras podemos depreender um processo de subjetivação a que o Ser está submetido diante de tamanha indústria.

Contudo, agenciado pelo grande mercado de hoje, o Ser já não dá mais conta da grande demanda atuante. Para preencher o Ser no mercado atual, é necessário se conjugar adicionalmente algo a mais. Esse a mais é o Ter. Muito embora o Ter não seja um conceito explicito da psicanálise, vamos agregá-lo ao Ser do Homem Comum. O Ter passou a ser uma exigência do Ser. Nesse sentido, Szpacenkopf nos diz que o Ser passou imediatamente ao segundo designo. Agora, para garantir o Ser, cada um precisa o Ter. Nesse sentido, vale a reflexão da autora:

> *A mercadoria ocupando o lugar do falo, sinônimo de fetiche do consumo, passa a valer mais, oferecendo aparentemente maiores garantias de uma satisfação efêmera, cuja lógica acaba por substituir o estabelecimento de vínculos sociais — se cada um só é se estiver com as necessidades do Ter razoavelmente satisfeitas, o outro nesse tipo de relação, passa a existir também como um objeto de consumo, que se não me for conveniente eu posso dispensá-lo a qualquer momento: idem, idem para os dois lados* (SZPACENKOPF, 2011, p. 25).

A reflexão de Szpacenkopf é interessante, pois marca o crescente grau na escala da importância do ter o objeto de satisfação para a legitimidade do Ser. Contudo, essa perigosa denúncia da autora, nos remete — ato contínuo — a uma questão que pode nos levar ao tema central da pesquisa. Se pelo que vimos aqui, o Ser passa a ter sua legitimidade dada pelo Ter, a pergunta agora é: dentro dessa lógica de consumo, o que acontece com quem não reúne as condições necessárias para se ter o Ter? Será que a saída seria o processo de transgressão? Será que a corrupção frequenta esse palco? Boa pergunta, não?

A imagem passa a ganhar um destaque soberano nessa nova equação. Por que não dizermos que estamos diante de uma desconstrução do Ser? Por que não dizer que estamos diante de uma nova ordem do sujeito-imagem? Não seria esse o aparecimento do terceiro verbo que poderia bem ser o Parecer? Novamente, estamos aqui fazendo adendos à Psicanálise com conceitos que não fazem parte da liturgia tradicional. Contudo, dada a vanguarda do que vemos hoje, devemos ser ousados e criativos na construção de um modelo de análise que efetivamente possa alcançar as incessantes e estrondosas mudanças na sociedade atual. O parecer passou a ser uma instância que, a meu ver, só contribui para o enriquecimento dessa análise. Nesse sentido, vamos ver o que a filosofia pode nos oferecer?

O filósofo canadense Charles Taylor em sua obra sobre *A Ética da Autenticidade* (2011), nos traz uma reflexão que, paralelamente ao modelo de Szpacenkopf, cabe para esse enriquecermos analítico. Quando o assunto se refere às questões da modernidade e seus respectivos males associados, ele nos relata aquilo que considera os 3 mal-estares da modernidade — aliás, em linha com o que vimos no primeiro capítulo onde apresentamos "O Mal-Estar na Civilização" de Freud. Segundo Taylor, os 3 males são: (1) o individualismo; (2)

a razão instrumental e (3) o despotismo suave. Vamos de forma breve, visitar essas três abordagens, pois elas farão a ligação com a próxima seção, onde acreditamos poder concluir o marco teórico da pesquisa.

Então vamos falar do primeiro mal-estar de Taylor que é o individualismo. Segundo o autor, a liberdade moderna foi ganha pela fuga do indivíduo dos antigos horizontes morais. A sociedade passou por um processo de dessacralização que levou o homem a romper com as barreiras das hierarquias sociais. Para Taylor, as pessoas eram frequentemente fixadas em determinado lugar, papel e estrato que eram propriamente delas e dos quais era quase impossível de desviar. A liberdade moderna surgiu pelo descrédito de tais ordens. Essa descrença das hierarquias associada a uma igualdade democrática orientou o indivíduo para si mesmo.

O segundo item, que o autor chama de razão instrumental, advém do valor econômico que tudo passou a ter. O racionalismo passou a ditar os princípios básicos tendo como pano de fundo a viabilidade das coisas. Viabilidade no sentido econômico-financeiro. A eficiência máxima e a relação custo-benefício passaram a ditar as regras do Ser. Isso ganhou uma dimensão tão significante que hoje é comum nos referirmos sobre o relacionamento de duas pessoas da seguinte forma: eu quero investir no meu relacionamento com aquela pessoa. Ou eu não quero mais investir naquele relacionamento. A palavra investir transbordou para a equação do relacionamento amoroso entre pessoas na sociedade moderna.

E por fim, o terceiro e último item que ele chama de despotismo suave, aliás, esse mesmo despotismo que o historiador e político francês, Alexis de Tocqueville (1805-1859) utiliza em sua obra *A Democracia na América* (2005). O despotismo suave, segundo Taylor, é uma conjugação do individualismo com a razão instrumental. Essa conjugação faz que o indivíduo se feche em seu próprio coração, se recolhendo em sua vida privada, delegando todas as ações políticas ao governo. Em outras palavras, passa a ser um cidadão passivo diante das ações de sua comunidade. Aceita, portanto, toda forma de paternalismo do Governo, em troca de sua reclusão privada.

Taylor conclui dizendo de seus medos sobre a atuação dos 3 males: o primeiro medo, é sobre o que poderíamos chamar de perda do significado, o enfraquecimento dos horizontes morais, o segundo diz respeito ao eclipse dos propósitos diante da disseminação da razão instrumental e o terceiro é sobre a perda da liberdade.

Ainda que Taylor não fale especificamente do Parecer, que trouxemos, suas reflexões, por certo pavimentam a estrada da noção do Parecer, pois é claro o imperativo do consumo. Na impossibilidade de se Ter, lhe restará, portanto, o Parecer.

Resumindo o que vimos até aqui na seção, podemos dizer que pontuamos a definição do sujeito na psicanálise e passamos a delinear os contornos do processo de subjetivação. Na sequência, trouxemos as questões recorrentes do mundo contemporâneo sobre o Ser e o Ter e suas implicações advindas da modernidade.

Diante disso, será que poderíamos dizer que nos deparamos com uma nova ordem de laços sociais? Senão vejamos:

3.1.2. Os novos laços sociais

[...] da inversão, característica da formação do Estado moderno, ocorrida na relação entre Estado e cidadãos: passou-se da prioridade dos deveres dos súditos à prioridade dos direitos do cidadão, emergindo um modo diferente de encarar a relação política, não mais predominantemente do ângulo do soberano, e sim daquele do cidadão, em correspondência com a afirmação da teoria individualista da sociedade em contraposição à concepção organicista tradicional (BOBBIO, 2004, p. 7).

Nada melhor do que começar essa seção com uma reflexão do filósofo e historiador italiano Norberto Bobbio (1909-2004) que em sua obra intitulada *A Era dos Direitos* (2004), nos fala sobre a mudança substancial ocorrida nas sociedades modernas, quanto à relação política dos cidadãos e seus respectivos governantes. Parece que estamos diante de um novo normal nas relações entre indivíduos.

Segundo Lebrun, um dos pilares das sociedades que se estabeleceram até aqui, era o seu compromisso tácito com a transcendentalidade. Vivíamos sob o compromisso de passar às próximas gerações o código cultural que tínhamos até ali. Sob o olhar da psicanálise, ele nos diz que as sociedades sempre se organizaram — até o presente — para transmitir essa necessidade de perda. Toda a perda da constituição do sujeito e do seu processo de subjetivação vinha sendo repassada, como condição básica da continuidade cultural.

Na construção da teoria da mutação dos laços sociais, Lebrun argumenta que não há agrupamento humano que não seja organizado sem referência a um chefe — alguém que comande. Há, portanto, um processo de hierarquia social que nos permeia há séculos — ou melhor, havia, até então. Fato que compartilhamos a postulação do autor. Há pouco mais de um par de décadas essa hierarquia veio a ser ferida de morte. O processo de dessacralização que vivemos abalou a estrutura da hierarquia social.

Não estamos aqui postulando nenhum estado de anomia. Longe disso. Estamos postulando que houve uma mutação dos desenhos hierárquicos habituais — de um modelo verticalizado para um modelo horizontalizado, como prega Lebrun. Nesse contexto, vimos emergirem novos elementos como, por exemplo, a igualdade entre homens e mulheres e principalmente, a atenuação da diferença dos lugares, das posições. Com efeito, no bojo das transformações, a sociedade veio a experimentar, por exemplo: casamentos homossexuais, relacionamentos triplos, adoção de crianças por casais gay, livre escolha do nome, clonagens de seres vivos, aprovação de eutanásia, alterações genéticas e tantas outras coisas que mexem fundo nas relações mais básicas do Ser. E aqui cabe destacar um trecho onde Lebrun cita Lacan:

O homem no sentido genérico, aquele de que falamos quando dizemos "todo homem", tem duas condições, fora o que lhe vem do real, do vivo: uma condição que se deve ao fato de ser falante, e uma condição dita de "discurso" — Freud dizia de civilização — isto é, de ordenamento dos laços sociais numa dada cultura (LEBRUN, 2008, p. 93).

O que é interessante notar aqui é que as estruturas sociais eram congruentes com essa Lei da linguagem, que sustentava todo o trabalho de subjetividade. Contudo, toda essa estrutura social, muda no momento em que admitimos essa grande transformação no modelo hierárquico. Podíamos depreender que nessa ruptura com os padrões anteriores, os indivíduos estariam finalmente livres para serem felizes, pois não mais teriam as obrigações que sempre tiveram. O autor acrescenta que daqui por diante, tudo se passa como se essa sociedade dita "pós-moderna", não transmitisse mais a necessidade de um vazio, da subtração do Gozo (p. 94). Aqui recai algo substancial, pois admitindo essa postulação, efetivamente iniciamos uma mutação dos laços sociais. Isso é importante enfatizar, pois nossa postulação terá esse pilar como elemento básico.

Lebrun ainda acrescenta que essa perda não aparece mais inscrita no programa do imaginário social. Teríamos, por conseguinte, uma substantiva alteração na formação do sujeito. Para o autor, três fatores foram conjugados para tal situação: o discurso da ciência, o desenvolvimento do liberalismo econômico e a deriva da democracia, que propiciou uma inflação de novos limites. Por certo, argumentos não muito distantes das postulações filosóficas de Taylor.

Para corroborar como a visão de Lebrun, que é psicanalista — vamos trazer a visão de Bobbio, que converge na mesma linha, mas aqui sob um olhar mais político filosófico. Segundo Bobbio, o advento da modernidade e, sobretudo, após a Declaração Universal dos Direitos do Homem (1948) (ver site da referência) — no mundo ocidental, é bom que se diga — há uma transformação da relação até então vigente, dos súditos, do poder soberano dos Reis para um Estado de direito. Segundo o autor, a relação entre indivíduo e Estado é invertida, assim como também a relação tradicional entre direito e dever.

Em relação aos indivíduos, doravante, primeiro vêm os direitos, depois os deveres; em relação ao Estado, primeiro os deveres, depois os direitos. O indivíduo era o súdito, diante das obrigações que lhes eram impostas pelo soberano, já os direitos, que até então eram do soberano, passam para os cidadãos. Temos assim a inversão da matriz de poder. Complementando, Bobbio nos diz que o individualismo aliado ao capitalismo moderno veio substituir o poder repressivo do Soberano, por um tipo de exercício da autoridade que fomenta o recalque, isto é, a interiorização da lei. O autor atribui grande peso ao capitalismo moderno, já Lebrun, dá peso aos avanços da ciência — ainda que ele cite muito os efeitos da democracia, que chama, nessa nova ordem, de democratismo, ao deslocamento efetivo da maioria dos limites de ontem. Para Lebrun, esse deslocamento, cada vez mais geral e rápido, costuma ser confundido no Imaginário Social com o simples desaparecimento de todo o limite. É a autonomia tornando-se garantia obrigatória, num ambiente em que a religião já não mais organiza os laços sociais, como antes. Como diz Lebrun: "cada um faz o que quer, contanto que não incomode o outro" (2008, p. 103). Lebrun acrescenta:

> *Estamos às voltas apenas com um aglomerado de individualidades, todas ocupadas em se proteger coletivamente dessa perda que o outro poderia lhes infligir e erigir muralhas para neutralizar o risco de uma subtração do gozo.* (LEBRUN, 2008, p. 105).

O que vemos hoje, dentro desse quadro é uma deslegitimação de pais, educadores, políticos, líderes de forma geral, aos quais cabia a missão de transmitir as condições do desejo. Essa subtração do gozo[17], a que Lebrun se refere, e que está sendo deslegitimada pelo deslocamento da posição hierárquica, é necessária para que advenha o desejo humano. Muitos efeitos colaterais profundos são vistos e deverão ser aprofundados ainda mais. Viramos um mundo de iguais onde todos julgam todos, onde todos criticam todos, numa *sociedade de ofendidos*. Uma sociedade que não se apoia mais na geração dos antepassados, nem se compromete com a transmissão para a geração subsequente. Lebrun decreta: "Hoje, está admitido no Imaginário Social que esse Outro não existe, que ninguém habita o céu" (2008, p. 116).

Estamos numa sociedade em que a opinião de cada um é indispensável, não há a existência de dois lugares: um do comando e o outro do comandado. A polaridade está muito mais tênue. É uma sociedade pasteurizada onde a polarização está nas mãos dos indivíduos, o que por obviedade causa mais conflitos. Lebrun conclui que *o individualismo deve ser compreendido como uma consequência dessa mutação e não como uma causa.*

Assumindo toda a postulação da mutação dos laços sociais apresentada, com embasamento dos argumentos de Lebrun e Bobbio, nos resta a pergunta: de que nova maneira essa "lacuna" deixada poderá ser preenchida hoje?

A resposta a essa pergunta pode ser estarrecedora. Essa lacuna deixada pelo lugar de exceção está sendo preenchida por tudo e por todos, de forma absolutamente efêmera. *O preço a ser pago é que não há mais falta do Outro social na qual se alojar.* Não há mais lugar para o singular e sim para o particular. Nesse sentido, Lebrun nos diz que não há mais estruturas sociais que possam vir em ajuda ao sujeito, para que ele possa se separar desse Outro. *Essa é a efetiva mudança do laço social.* Antes podíamos dizer que estávamos sedimentados nos conceitos, hoje nas condições de utilidade, os laços sociais estão sendo criados pelos próprios indivíduos. Assim, vale uma reflexão de Lebrun, ainda que carregada de ceticismo:

> *O amor espontâneo dos filhos pelos pais, no entanto, sempre foi a alavanca que permitia aos segundos fazer com que os primeiros crescessem, permitia ajudá-los a consentir nas renúncias necessárias à instalação de uma economia de desejo. Mas a situação se inverteu: agora são os pais que vivem à espera do amor dos filhos. Às vezes ao ponto de não mais ousar lhes impor um qualquer limite.* (LEBRUN, 2008, p. 184).

Sustentando essa posição, a questão da subjetivação, que no fim das contas é a tarefa do sujeito em sustentar a divisão entre gozo e desejo, fica alterada de forma concreta e substancial.

Então, as referências, claras ao pai e mãe — funcionamento do regime paterno e funcionamento do regime materno — como estrutura básica dos laços sociais, são na verdade, referências do funcionamento da linguagem, e devem ser rapidamente inscritas, ou seja, a caracterização da perda implicada pela metáfora — para que permita a consolidação da realidade psíquica naquilo que poderíamos considerar uma realidade psíquica "normal". Freud chamou tal processo de "progresso da civilização". É esse o processo de normatização que vai permitir que o sujeito se separe tanto do pai quanto da mãe. Mas aqui vale uma reflexão de Lebrun que vai nos interessar para o restante da pesquisa. Ele nos diz: "É claro, é a partir do discurso dos pais que é constituído o inconsciente de um sujeito. Mas o inconsciente não é só familiar, ele também é social. (p. 237), conclui Lebrun. Nessa mesma linha de Lebrun, cita o psicanalista suíço Carl Gustav Jung (1875-1961), que numa de suas célebres frases disse que: "a psicologia do indivíduo corresponde à psicologia das nações. As nações fazem exatamente o que cada um faz individualmente; e do modo como o indivíduo age a nação também agirá" (Carl Gustav Jung).

Portanto, vimos até aqui a constituição do sujeito e os mecanismos de subjetivação. A partir daí, identificamos um novo modelo de laços sociais, mudança dos valores dos atores Mãe e Pai, e que isso viria a modificar o processo de constituição do sujeito e, por conseguinte, o processo de subjetivação desse sujeito na sociedade. Em última análise, vimos uma modificação da relação de alteridade. Então, com base nesses postulados, vamos evoluir para aquilo que acreditamos ser marco principal da pesquisa, A Perversão Social.

Uma última consideração se faz necessária, antes de passarmos ao próximo item. Estamos postulando que a Perversão Social tem na mutação dos laços sociais um dos pilares fundamentais, como veremos a seguir. Lebrun, com muita propriedade, nos fala da ocorrência dessa mutação nas sociedades de hoje, como relatamos acima. Contudo, em sua postulação não há registros muito claros de temporalidade, ele fala que isso ocorreu nos últimos vinte ou vinte e cinco anos. Ele também deixa subtendido que esse movimento ocorreu nas principais sociedades do mundo ocidental. Assim, gostaria de enfatizar que estou assumindo que tal movimento também tenha ocorrido na sociedade brasileira, onde podemos depreender que também se inicia um processo de mutações dos laços sociais, a partir do final da década de 60, início da década de 70, no Brasil, com os movimentos de levante das minorias. Esses movimentos foram amplamente noticiados e percebe-se, desde então, uma importância crescente do indivíduo. Mais adiante voltaremos a esse tema, onde detalharemos melhor tal propositura. Assim, podemos passar análise da Perversão Social, marco central da pesquisa.

3.1.3. A perversão social

Como vimos na Introdução, a Perversão Social é uma derivação da Perversão Estrutural, na concepção freudiana. Essa nova proposição tomou emprestadas características da perversão do indivíduo, para ser aplicada a uma coletividade. Portanto um conceito novo que ganha novos contornos, sobretudo na fase interdisciplinar da psicanálise.

Também, é fato que a perversão já vinha ganhando robustez e complexidade, como dito por Élizabeth Roudinesco, ao classificá-la como um fenômeno sexual, político, social, físico, trans-histórico, estrutural e, presente em todas as sociedades humanas, em sua obra *A parte obscura de nós mesmos* (2008).

Fazendo uma breve genealogia, a Perversão nasceu atrelada às questões sexuais, que se confunde com a história da humanidade, sobretudo a ocidental, que ao longo dos séculos veio transformar sexualidade em ciência enquanto a sociedade oriental a transformou em arte, como facilmente visto no milenar texto indiano *Kama Sutra*. O papel do cristianismo na construção da perversão é definitivo. Para termos uma ideia, o Concílio de Latrão em 1215, veio regulamentar o sacramento da penitência com ulterior desenvolvimento das técnicas da confissão, onde demarcava uma prática sexual oculta, desviada, e que precisava ser confessada, nos diz Carlos Pinto Corrêa no seu artigo Perversão: trajetória de um conceito (2006). Falar de sexo virou um segredo no mundo medieval. E esse segredo se tornou valioso. Virou efetivamente uma estrutura de poder, principalmente daqueles que obtinham as confissões e, por conseguinte, os perdões diante da divindade.

Pinto Corrêa nos diz ainda que a sexualidade chega ao século XVIII como uma questão de costume e, consequentemente, passa a ser regulamentada por um código externo ao sujeito. Na verdade, as práticas sexuais estavam reguladas por três grandes códigos: o Direito Canônico, a Pastoral Cristã e a Lei Civil.

Assim ela chega ao século XIX entre uma prática natural recomendável e seus desvios perversos, que a ciência começa a ensaiar teorias sobre a sexualidade humana. Entretanto, ainda que a ciência se debruce sobre a sexualidade, vai cair na mesma dicotomia: o que não está na norma é doença. Há aí uma proliferação de rótulos que se estendem até os dias de hoje, marcando o indivíduo e as sociedades.

A partir do final do século XIX, Freud se depara com a temática da sexualidade — em destaque no meio que vivia e, em princípio, adota a postura clássica do estabelecimento das normas. A obra mais substancial que dá início aos postulados de Freud sobre a questão é *Três Ensaios sobre a Teoria da Sexualidade* (1905) na qual o autor remete à criança enquanto ser sexual e à sua característica perverso-polimorfa, que pode se estender e permanecer no adulto. Nesse contexto Freud nos diz:

> *As perversões não são bestialidades nem degenerações no sentido patético dessas palavras. São o desenvolvimento de germes contidos, em sua totalidade, na disposição sexual indiferenciada da criança, e cuja supressão ou redirecionamento para objetivos assexuais mais elevados — sua "sublimação" — destina-se a fornecer a energia para um grande número de nossas realizações culturais* (FREUD,1905, p. 55-56).

Portanto, o autor revoluciona quando desconstrói a Perversão como bestialidade, dando nova interpretação. Contudo, esse polimorfismo das manifestações da sexualidade infantil e o fato de que seus desvios intrínsecos se encontram em todos os seres humanos, acaba gerando problemas para Freud, ao definir perversão, como nos diz Breno de Oliveira Ferreira, Hélem Soares de Meneses em seu artigo Perversão a Luz da Psicanálise (2011). Para os autores só pode distinguir a perversão da normalidade porque perversão se caracteriza por uma fixação prevalente, até mesmo total, do desvio quanto ao objeto, e pela exclusividade da prática quanto ao desvio com relação ao objeto.

A partir de 1919 que Freud começou a relacionar perversão e o complexo de Édipo, o que trouxe contribuições para os estudos lacanianos da perversão enquanto estrutura psíquica. E em 1927, Freud inaugura "O Fetichismo"[18], que coloca o fetiche como substituto para o pênis da mulher (mãe), sendo a recusa *(Verleugnung)* dessa percepção traumática, mecanismo psíquico de defesa utilizado na perversão. É durante as faltas da mãe que o falo assume a função de satisfação de desejo e o fetiche é então um substituto do pênis, um substituto fálico atribuído como símbolo pela criança à mãe.

Freud apresenta o fetichismo como sendo uma espécie de modelo geral por seus elementos invariantes, sustentando-se, portanto, como uma estrutura psíquica. É importante destacar que o fetiche não precisa necessariamente se parecer com o pênis, é preciso apenas que esse objeto seja próximo ou estabeleça alguma relação de proximidade com o objeto real de desejo. Achei importantes tais considerações sobre o fetiche, pois Freud o classifica como de alta relevância e como condição exclusiva da perversão. Por analogia, a Perversão Social também encontrará seu paralelo.

A partir daí, Freud prosseguirá no desenvolvimento da teoria da psicanálise até chegar à constituição das três formas derivadas da não-resolução[19] do Complexo de Édipo, que são a Neurose, a Psicose e a Perversão, constituindo-se assim os três status mais elevados dessa dissolução. Essas três formas ditam como o sujeito articula os registros do aparelho psíquico, quais sejam: imaginário, simbólico e real.

Segundo Freud, a neurose tem sua origem na recusa do EU em aceitar um impulso instintual do ID, reprimindo-o. Essa é uma defesa do EU, recalcando o impulso indesejado, em outras palavras, algo insuportável do Desejo que foi construído a partir do conflito entre o desejo e aquilo que o censura, com base no Ideal do Eu. Esse processo de recalque cinde o aparelho psíquico em dois sistemas: o primeiro Pré-consciente/Consciente e segundo Inconsciente.

Diferentemente da neurose, que é o resultado de um conflito entre o EU e o ID, na psicose o conflito que se instala é entre o Eu e o exterior. Segundo Lacan, na psicose a forma de defesa contra o desejo é denominada de "foraclusão do Nome-do-Pai", ou seja, da Lei. Isso significa que não há a inclusão da Lei no lugar do Outro, ou seja, o Outro não é barrado e com isso não ocorre a divisão do aparelho psíquico em Consciente e Inconsciente. Em outras palavras, o psicótico não percebe o limite, não percebe a Lei, não percebe a castração. Obviamente, a Lei não deixa de existir porque o psicótico não a percebeu, mas ela é negada no simbólico, porém retorna no real em forma de delírio e alucinação.

Na estrutura perversa, a terceira forma de dissolução/resolução do Complexo de Édipo, a forma de defesa do sujeito perante a castração é denominada de denegação ou desmentido. Esse mecanismo tem como característica básica a aceitação e não aceitação da Lei — ao mesmo tempo. É como se tivéssemos "um sim" e "um não", simultâneos, que culminam na cisão sobre o próprio Eu.

A psicose e a perversão têm suas proximidades, mas na psicose o Eu cinde com a realidade, e na perversão o Eu se divide em duas partes contraditórias entre si, em que uma parte aceita a castração do Outro e a outra a nega sem que uma "crença" anule a outra.

Na perversão, como já dito anteriormente, a denegação sustenta a crença infantil de que todos possuem um pênis, isso ocorre no momento em que a criança percebe a diferença anatômica dos sexos e passa à angústia da castração. Nesse aspecto, o psicanalista Joel Dor acrescenta:

> *A denegação da realidade está assim ligada à recusa de aceitar a percepção da realidade da ausência do pênis na mulher, na mãe. Essa recusa demonstra uma atitude estritamente infantil diante da castração da mãe, que, apesar de ser percebida, esta ausência é negada com o objetivo de neutralizar a angústia de castração. Como a castração é no fundo percebida, o pênis é "encarnado" em outro objeto do mundo real, o objeto fetiche* (DOR, 1991).

Portanto, o perverso não desconhece a castração do Outro, ele conhece muito bem a Lei, mas não quer saber dela. O perverso não quer saber de limites, ele goza justamente na transgressão da Lei. E é exatamente esse conceito que vamos utilizar para a construção da Perversão Social.

Szpacenkopf compartilha do mesmo conceito que Lebrun da existência de uma perversão coletiva. A autora chama de perversão social enquanto o autor de perversão comum. Mas ambos partem da perversão estrutural no conceito freudiano.

Szpacenkopf nos diz que, se no âmbito individual a perversão estaria mais a cargo da não aceitação da lei paterna, no social implicaria especificidades que correspondem à suspensão da lei, substituída pelas chamadas leis próprias (2011, p. 22).

Lebrun faz um caminho mais longo. Ele cria a figura do neossujeito, para indicar o sujeito que surge a partir da mutação dos laços sociais que, com a perda da estrutura hierárquica, cria o que ele chama de a grande confusão, dando início a um indivíduo centrado em si. Lebrun não diz que esse novo sujeito ou neossujeito é perverso. Ele diz que existe um comportamento perverso nos indivíduos sob esse signo de neossujeitos, mesmo que eles tenham uma estrutura neurótica. E é exatamente esse conceito que iremos adotar. *Não se trata, portanto, de termos uma sociedade formada por psicopatas estruturalmente perversos, e sim, uma sociedade com um comportamento social perverso, formada por indivíduos de comportamento igualmente perverso.*

Podemos então estabelecer um diálogo entre Szpacenkopf e Lebrun para aprofundarmos o conceito da Perversão Social ou Comum, que aqui chamaremos de Perversão Social.

Lebrun nos diz que a vida psíquica dos neossujeitos da modernidade é bem diferente das vidas dos seus antepassados. Os neossujeitos, longe das repressões e da força organizadora dos patriarcados, o que para o autor é a grande confusão, os recalques não são mais exercidos na dimensão que tínhamos nos neuróticos normais. As ações agora se concentram na renegação ou no desmentido.

O mecanismo psíquico que o sujeito recorrerá com o tempo, diante dessa mutação do laço social é o que Freud chama em alemão de *Verleugnung*, renegação ou desmentido, que esse mesmo sujeito praticou com natural normalidade, por ocasião do início de sua existência, afirma Lebrun. Na infância, ele por certo viveu a fase da perversão polimórfica infantil, mas agora ele a refaz de outra forma. Para o autor, essa denegação designa o procedimento pelo qual o sujeito enuncia, sob forma negativa, um de seus desejos até aqui recalcados e continua a se defender diante desse desejo ao negar que ele lhe pertença. É esse mecanismo que o faz ter um comportamento perverso, mesmo não possuindo as características da perversão estrutural.

Decididamente ele não tem uma condição de foraclusão, mas como esse sujeito está em harmonia com o discurso social, ele poderá encontrar o que alimenta a sua própria recusa da castração.

Em meio a essa discussão entre Szpacenkopf e Lebrun, não poderíamos deixar de mencionar um renomado psicanalista que fez do tema *Verleugnung*, muito usado pelos dois autores mencionados, uma grande reflexão. Estamos falando do francês Octave Mannoni (1899-1989), para o qual o conceito *Verleugnung* traz um modelo constitutivo de recusa à realidade. Para o autor, da obra *Eu sei, mas mesmo assim...* (1991) seria como se a recusa do falo materno fosse a primeira recusa da realidade "constituindo, assim, a origem de todas as crenças que sobrevivem ao desmentido da experiência". (p. 188). Mannoni nos traz uma formulação que nos interessa na pesquisa. O autor nos diz que o sujeito sabe perfeitamente que as mulheres não têm falo, mas não pode acrescentar nenhum "mas mesmo assim", porque para ele o "mas mesmo assim" é o fetiche.

Voltando ao nosso diálogo a partir de Lebrun e Szpacenkopf, o "eu sei mas mesmo assim", ganha um elo com o comportamento social que queremos dar. Os indivíduos — aqueles neossujeitos — que passaram a ter comportamentos perversos, sabem claramente da existência das leis, mas mesmo assim praticam algo que as transgride. Esse mesmo assim é o fetiche da transgressão associada ao gozo do ato. Isso permite que o indivíduo conserve a satisfação pulsional e pague o preço à realidade. É essa clivagem introduzida que propicia a realização do sujeito.

Szpacenkopf, nessa linha acrescenta:

No campo da perversão social, a transgressão sob a forma de laço e de montagem perversa, possibilita que os indivíduos, por não suportarem a proibição imposta pela lei e os seus efeitos, passem a fazer leis próprias, justificando todo um programa, toda uma maneira de existir como garantia de usufruir de um gozo que ao final pode se reduzir simplesmente ao gozo de transgredir (SZPACENKOPF, 2011, p. 36).

A autora ainda complementa que, nesse processo, há algo além da transgressão da lei, substituindo por leis próprias; há outro elemento que é a instrumentalização do outro. Nessa postulação o outro deixa de ser sujeito para ser apenas instrumento numa grande engrenagem. Assim, a perversão social, para a autora, tem na pulsão de dominação, na dessubjetivação e na instrumentalização do outro, as ferramentas para seu exercício. Na perversão estrutural, subverte-se a lei paterna, na social, é a derrubada da lei geral que se instala, com a fabricação de leis próprias e substitutas.

Antropologicamente falando, vimos, até aqui, que o indivíduo na modernidade, passou por uma transformação dos seus laços sociais, o que o tornou "imune" à questão da hierarquia. Ele sofreu do processo de desencantamento social. A sua sociedade foi dessacralizada. Ele se tornou individualista, voltando-se para si. Os limites foram inflacionados progressivamente, como a perda da importância do seu semelhante, que sempre o sustentou com a sua presença. A perversão social que delineamos até aqui, passa a se tornar um poder desse indivíduo, no momento em que outros indivíduos se alinham no mesmo discurso social. O poder agora ganha poder.

Podemos depreender que o processo de perversão social que narramos aqui, é, de certa forma, produção de poder social, conjugando comportamentos comuns de indivíduos submetidos a dispositivos[20] — produção de verdades — que os levaram às mesmas crenças e, por conseguinte, em subjetivação. Ou, como disse Lebrun, as mesmas dessubjetivações. Podemos supor que esse movimento de dessubjetivação não busca a verdade, mas sim a convicção.

Portanto, podemos dizer que contextualizamos perversão social, a partir do sujeito da psicanálise. Vimos que o Homem Comum dos dias de hoje tornou-se um neossujeito e esse sujeito adquiriu comportamentos perversos. Vimos que esse comportamento não o faz um sujeito perverso, nos moldes da perversão estrutural, mas o faz um sujeito de comportamento perverso. A reunião desses sujeitos, condensados por um sólido discurso social, formam uma sociedade que podemos chamar de uma sociedade de um comportamento de perversão social. O poder individual do comportamento perverso contagiou todos os demais sujeitos — num processo de contágios múltiplos — formando essa sociedade.

Diante da história pregressa que relatamos do Brasil, nos seus mais contundentes momentos históricos, podemos perguntar: que sociedade esses neossujeitos constroem hoje, quando olhamos para o processo de transgredir? O quanto a referência que tivemos ao longo de todo esse tempo, sobretudo por parte do Estado, e qual a sua influência nesse processo de subjetivação dos novos sujeitos?

Agora que já contextualizamos a Perversão Social, nosso desafio estará voltado, especificamente, para a sociedade brasileira contemporânea no sentido de entendermos essa banalização da transgressão que tanto falamos ao longo da pesquisa. Vamos voltar nossos olhos para o Homem Comum contemporâneo, agora que o conhecemos como sujeito. Ato contínuo, podemos perguntar: que modelo de corrupção, esse Homem Comum vê no Brasil de hoje? Para conhecermos na prática o indivíduo Homem Comum contemporâneo, fizemos uma pesquisa de campo e passamos a vê-la agora. Por certo, o nobre leitor irá se surpreender. Senão vejamos:

3.2. QUEM É O HOMEM COMUM CONTEMPORÂNEO E QUE MODELO DE CORRUPÇÃO ELE VÊ NO BRASIL?

Para entendermos de forma mais clara quem é esse Homem Comum no Brasil de hoje, elaboramos uma pesquisa *qualitativa*, visando à caracterização do nosso personagem. Vamos a ela:

3.2.1. *Quem é o homem comum no Brasil contemporâneo?*

A pesquisa qualitativa que realizamos é uma metodologia de caráter exploratório. Ela buscou compreender o comportamento do personagem, apontando as principais tendências. De acordo com a ampla literatura disponível sobre essa metodologia, normalmente a amostra é pequena e os entrevistados são estimulados a se sentirem à vontade para dar sua opinião. Além de compreender e interpretar comportamentos e tendências, essa ferramenta identifica problemas e auxilia em uma análise quantitativa, que pode ocorrer na sequência dos trabalhos. Portanto, é uma pesquisa de motivação, exatamente o caráter que desejamos.

Assim, foi elaborado um questionário de 14 perguntas, que aferiu os seguintes pontos: (i) confiança e credibilidade nas autoridades governamentais; (ii) confiança e credibilidade nas autoridades de justiça e do parlamento; (iii) credibilidade e confiança nas leis do país; (iv) credibilidade e confiança nos políticos em geral; (v) credibilidade e confiança no seu par, ou seja, no outro Homem Comum e, (vi) avaliação da sua própria aderência quanto aos conceitos básicos do ato de transgredir.

Este questionário foi aplicado pelo próprio autor da pesquisa, na primeira quinzena de junho de 2020, mesmo em meio à Pandemia do Covid-19. Foram selecionadas 40 pessoas das classes A, B e C — segundo a conhecida classificação do IBGE, com uma idade média em torno dos 45 anos. A condição básica para a participação era não integrar altos escalões do executivo de governos, bem como não desempenhar cargos eletivos do judiciário ou legislativo. Outra condição que atribuímos é a não participação em partidos políticos, nem serem empresários de alto padrão. Focamos, também, no cidadão urbano pelo fato da sociedade brasileira ter uma concentração massiva em cidades.

A importância da aplicação do questionário de forma presencial e individual (e não em grupo focal), recaiu no fato da manifestação do entrevistado diante das questões. Segundo a percepção do autor, a resposta pura e simples, à distância, não revelaria as atitudes comportamentais, sobretudo num tema constrangedor. Portanto, a reação comportamental de cada um constituiu-se em elemento adicional da avaliação, enriquecendo substancialmente o processo de observação. Cada aplicação demandou cerca de 30 minutos e propiciou excelentes discussões adicionais sobre o tema. Ressaltamos que não houve qualquer privilégio quanto a aspectos de raça ou religião.

Foram apresentados os seguintes esclarecimentos iniciais para cada participante:

Através de um estudo acadêmico, estamos analisando as relações sociais do Brasil de hoje. Portanto, sua opinião é fundamental.

Não haverá qualquer divulgação do seu nome ou qualquer outro dado. Se desejar, informe apenas o seu primeiro nome.

Caso tenha interesse, lhe mando o resultado estatístico da compilação geral ao final. Por favor, ajude a pesquisa brasileira e muito obrigado pela atenção.

Na sequência, foram aplicadas as seguintes perguntas:

Você acha que o Brasil tem muitas Leis?

a) Poucas
b) Muitas
c) Em excesso

Você acha que o atual Congresso Nacional o representa?

a) Sim
b) Não
c) Nem sempre

As cortes supremas de justiça do país (STF, STJ) agem em prol da sociedade do Brasil?

a) Sim
b) Não
c) Por interesses próprios

Você confia nos Governantes do seu Município?

a) Sim
b) Não
c) Pouco

Você confia nos Governantes do seu Estado?

a) Sim
b) Não
c) Pouco

Você confia nos Governantes do seu País?

a) Sim
b) Não
c) Pouco

Por que determinadas leis não pegam no Brasil?

a) Não pensam no povo
b) Feitas para pequenos grupos

Você acha que as Leis no Brasil são para todos?

a) Sim
b) Não
c) Não para os ricos

Você acha que as leis tidas como absurdas ou ineficazes não devem ser cumpridas?

a) Sim
b) Não
c) Parcialmente

Você acha que a maioria dos políticos brasileiros é corrupta?

a) Sim
b) Não
c) A maioria

Você acha que o brasileiro comum transgride as leis e as regras do país de forma banal?

a) Sim
b) Não
c) A maioria

Você acha que o brasileiro comum de antigamente cumpria mais sua palavra?

a) Sim
b) Não
c) A maioria

Você acha que o brasileiro comum de hoje cumpre sua palavra?

a) Sim
b) Não
c) A maioria

Abaixo, você encontrará 12 expressões tiradas do cotidiano da nossa sociedade. Com que frequência você as escuta, por exemplo, de um cidadão comum no Brasil de hoje?

a. "Fiz apenas uma vez, mas não faço mais."

a) Muito
b) Pouco
c) Nunca

b. *"Não acatei, pois aquela lei é um absurdo."*

   a) Muito
   b) Pouco
   c) Nunca

c. *"Agora é a minha vez também."*

   a) Muito
   b) Pouco
   c) Nunca

d. *"Não devolvi, não foi erro meu."*

   a) Muito
   b) Pouco
   c) Nunca

e. *"Todo mundo faz, e eles também fizeram."*

   a) Muito
   b) Pouco
   c) Nunca

f. *"Se político faz, eu também posso fazer"*

   a) Muito
   b) Pouco
   c) Nunca

g. *"Não falei nada, não adiantar mesmo"*

   a) Muito
   b) Pouco
   c) Nunca

h. "*Eu sei, mas mesmo assim, fiz*"

    a) Muito
    b) Pouco
    c) Nunca

i. "*Tive que dar um jeitinho, né?*"

    a) Muito
    b) Pouco
    c) Nunca

j. "*Só avancei porque não vinha ninguém*"

    a) Muito
    b) Pouco
    c) Nunca

k. "*Não vou dar dinheiro para esse Governo*"

    a) Muito
    b) Pouco
    c) Nunca

l. "*Pelo menos eles não estão roubando*"

    a) Muito
    b) Pouco
    c) Nunca

Após a compilação dos dados, passemos à interessante e curiosa análise dos resultados:

Você acha que o Brasil tem muitas Leis?

Muita	Em excesso

Para essa questão, as opções "Em excesso" (67%) e "Muita" (33%), representaram a totalidade das respostas. Ninguém do espectro analisado achou que no Brasil existem poucas leis, ou que sejam em quantidade adequada. Isso nos pareceu que o público em geral acha a proliferação de leis um fardo ou um casuísmo da classe política.

Você acha que o atual Congresso Nacional o representa?

Não	Nem sempre

A opção "Sim" (5%) foi residual diante do "Não" (48%) e do "Nem Sempre" (48%). Isso nos indica que a referência da instância superior do poder público não é solidamente reconhecida. Pelo comportamento dos entrevistados, a opção nem sempre indica mais uma necessidade de se ter uma instância para confiar do que efetivamente a existência de uma instância confiável. Existe uma necessidade de ser ter uma instância a confiar, mas a indicação é de que não há.

As cortes supremas de justiça do país (STF, STJ) agem em prol da sociedade do Brasil?

Sim	Não	Interesses...

Essa é mais uma questão onde se pode avaliar a identificação com um poder acima do cidadão médio. A opção "Não" (57%) foi majoritária e foi seguida da opção Por interesses próprios (24%). Juntas totalizam 81% daqueles que não acreditam nas cortes legislativas como entidades que agem em prol da coletividade. A opção "Sim" (19%) é muito baixa em se tratando das cortes de justiças do país. Isso nos indica o quanto a justiça é vista como um meio ambiente do tecido social.

Você confia nos Governantes do seu Município?

Sim	Não	Pouco

Essa questão, bem como as duas próximas, foram incluídas com vista a analisarmos o reconhecimento da instância executiva direta. É a referência direta do Estado. Optamos por perguntar do Município, do Estado e do País, visando eliminar eventuais vieses políticos. Mas, na verdade, essas três questões se resumem a uma só, que é a credibilidade na instância direta do Estado. Não foi surpresa que a opção "Não" (57%) alcançou a maioria, seguida da opção "Pouco" (33%). Apenas 10% optaram pela opção "Sim". Isso corrobora com a indicação de que não há uma identificação com o mando do Estado.

Você confia nos Governantes do seu Estado?

Sim	Não	Pouco

Não há aqui qualquer alteração do quadro já apresentado na questão anterior. Os percentuais, inclusive, são idênticos, o que só reforça a teste da não identificação com o poder do Estado.

Você confia nos Governantes do seu País?

Sim	Não	Pouco

Nesta apuração identificamos algum alinhamento com o atual presidente do país, onde se vive uma grande polarização política. Contudo, não se muda o viés encontrado nas questões anteriores. A opção "Não" (43%), juntamente com a opção "Pouco" (38%), representa uma maioria absoluta. Portanto, a indicação da não representatividade do Estado está bem-posta.

Por que determinadas leis não pegam no Brasil?

Não pensaram no povo	Feita para pequenos grupos

Essa é uma questão extremamente subjetiva e a ideia aqui era apurar a percepção do quanto o Estado pensava no Homem Comum. Como é de domínio popular que leis no Brasil pegam, ou não pegam, utilizamos essa opção para avaliarmos a percepção. A opção "Feitas para Pequenos Grupos" (63%) representou a maioria. Isso é suficiente para indicar que, na percepção do Homem Comum, o Estado não o prioriza, e que as Leis não são feitas para atender suas demandas.

Você acha que as Leis no Brasil são para todos?

Sim	Não

Essa questão carrega grande importância, pois juntamente com a identificação do Estado, as leis representam a institucionalização da organização social. Nesse quesito, a opção "Não" (71%) alcança um nível surpreendente. Aqueles que acham que a leis são para todos representam um valor muito reduzido, o que nos indica uma descrença substancial na essência da organização social moderna, que é o conjunto de suas leis.

Você acha que as leis tidas como absurdas ou ineficazes não devem ser cumpridas?

Sim	Não	Parcialmente

Essa questão é das mais importantes na pesquisa. Nela, testamos a aderência do Homem Comum quanto ao cumprimento da instituição lei. A opção "Sim" (48%), como sendo a majoritária, nos indica que a Lei como instituição não é sólida na sociedade. Essa indicação nos remete que essa instituição é passível de transgressão com certa facilidade. O conceito de uma lei absurda é muito subjetivo e, deliberadamente, não foi definido aqui. Deixamos a cargo do Homem Comum e esse, prontamente, disse que diante do absurdo, não deveria ser cumprida.

Você acha que a maioria dos políticos brasileiros é corrupta?

Sim	Não	A maioria

A avaliação dessa pergunta vem apenas de encontro com o que foi visto até aqui. A opção "Não" (33%) não representa valor substancial diante das demais opções. Efetivamente a referência do Estado e das leis está bem solidificada.

Você acha que o brasileiro comum transgride as leis e as regras do país de forma banal?

Sim	Não	A maioria

Essa, possivelmente, tenha sida a questão mais importante na pesquisa. Quando perguntamos se "você acha que o brasileiro comum transgride as leis", na verdade estamos perguntando ao próprio cidadão que está sendo perguntado, se ele transgride as leis de forma banal. A opção "Sim" (48%) e a opção "Maioria" (52%) constituem a quase totalidade do espectro. Temos uma clara indicação, aqui, de que o cidadão comum tem uma fragilidade estrutural quanto à instituição lei no Brasil. Efetivamente não é algo tido como "sagrado", que rege a estruturação social.

Você acha que o brasileiro comum de antigamente cumpria mais sua palavra?

Sim	Não	A maioria

Incluímos essa questão para testarmos uma das hipóteses que elaboramos. Postulamos que houve uma mutação dos laços sociais e que, a partir daí, há um ambiente que propicia um novo comportamento do Homem Comum. A apuração desse quesito nos indica que efetivamente houve uma mudança de comportamento. Tem-se uma clara percepção de uma deterioração do indivíduo quanto à sua responsabilidade social, ao longo do tempo. Cerca de 83% acham que houve um decréscimo do cumprimento de palavra do Homem atual.

Você acha que o brasileiro comum de hoje, cumpre sua palavra?

Não	A maioria

Essa questão valida a pergunta anterior e nos dá um claro retrato da mudança de comportamento ao longo do tempo. A opção "Não" (57%) e a opção "Maioria" (43%) representam a totalidade do espectro. Isso é muito significativo e, solidifica as postulações básicas da pesquisa.

Na sequência elencamos 12 frases, retiradas do cotidiano social do Brasil de hoje, e perguntamos a cada entrevistado com que frequência ele a escuta de um cidadão do Brasil de hoje. Dessa forma, o comportamento de cada entrevistado diante dessa indagação, no ato da aplicação do questionário, aproximou-se muito da sua própria utilização de cada frase no seu cotidiano. Essa forma indireta surtiu o efeito desejado para o conhecimento do quanto cada entrevistado demonstrava aderência a cada tipo de transgressão.

Com que frequência você as escuta, por exemplo, de um cidadão comum no Brasil de hoje?

"Fiz apenas uma vez, mas não faço mais."

Muito	Pouco	Nunca

Essa primeira questão testa o quanto o entrevistado entende que há alguma irregularidade na sua ação, em que ele demonstra, de forma clara, ter o conhecimento do valor moral, contudo admite a transgressão, na qualidade de ser este um evento que não mais ocorrerá. Nesse sentido, apenas 10% dos entrevistados assumiram nunca terem ouvido tal expressão. Do espectro analisado a opção "Muito" (48%) se configurou como a maioria.

"Não acatei, pois aquela lei é um absurdo."

Muito	Pouco	Nunca

O centro da pesquisa visa avaliar o quanto o Homem Comum enxerga a lei como uma instituição inviolável dentro da estrutura social do país. Nesse aspecto, quando introduzimos uma variável, altamente subjetiva, que é a questão da sensação do absurdo, imaginamos que estamos quebrando a couraça do entrevistado (resistência à sua própria assunção da transgressão) e, indo direto a sua interpretação, quanto seguir uma determinada lei. Essa pergunta nos revela que 43% dos entrevistados responderam a opção "Muito", o que nos indica uma fragilidade da instituição lei na sociedade.

"Agora é a minha vez também."

Muito	Pouco	Nunca

Nessa questão, a opção Muito (62%) configura-se como absolutamente preponderante. A opção "Pouco" (14%) aparece como pouco representativa. Isso nos indica o que a história nos revela: uma sociedade em que a referência é frágil e que, as oportunidades aparecendo, a transgressão não encontra a resistência adequada no aparelho repressor do conjunto das leis.

"Não devolvi, não foi erro meu."

Muito	Pouco	Nunca

Essa expressão é clássica na cena do cotidiano. As respostas encontradas nos indicam total coerência do conjunto. O "não devolvi, pois não foi erro meu", indica um discurso de descolamento da responsabilidade social. Nesse caso, o indivíduo assume uma razão para a transgressão consciente, abstendo-se da culpa.

Assim, a opção "Muito" (38%) divide com a opção "Pouco" (38%) a indicação dos entrevistados. Nota-se que a opção "Nunca" (24%) não é substancial diante das demais.

"Todo mundo faz, e eles também fizeram."

Muito	Pouco

Essa expressão avalia a força do discurso na direção da transgressão. A opção "Muito" (76%) se configura como absolutamente preponderante, ficando a opção "Nunca" com inexpressivos 5%. Isso nos indica uma consolidação de uma razão ou uma eliminação de culpa — algo como um fetiche — que contorna a instituição lei e abre o caminho da transgressão.

"Se político faz, eu também posso fazer."

Muito	Pouco

Na mesma linha adotada anteriormente, nos valemos de uma expressão do cotidiano para testarmos a aderência à referência ao Estado. O fato da opção "Muito" (71%) ter sido amplamente escolhida, nos indica uma aderência à própria história da sociedade nacional, que vê a classe política como sendo usufrutuária do Estado, sempre nos interesses próprios.

"Não falei nada, não adianta mesmo."

Muito	Pouco

Essa questão nos indica o quanto o Homem está conformado com a situação instalada. Ela é emblemática pois, por toda a história que vimos, a passividade é algo instituído, para sustentar a debilidade que sempre caracterizou a cena nacional. A impressão que dá é que se tivéssemos a oportunidade de fazer essa mesma questão, há cem anos, a resposta seria muito semelhante. A opção "Muito" (86%) aparece de forma expressiva e denota a debilidade do Estado que retratamos em diversos momentos nessa pesquisa.

"Eu sei, mas mesmo assim, fiz."

Muito	Pouco	Nunca

Essa questão apenas corrobora com todas as demais anteriores. Aqui vemos claramente a assunção de uma perversão social, onde se tem a consciência da existência do aparato legal, contudo, há um claro contorno, mediante a um fetiche. A opção "Muito" (67%) aparece de forma substancial.

"Tive que dar um jeitinho, né!"

Muito	Pouco	Nunca

Possivelmente a expressão que mais caracterize o Homem Comum seja o seu "jeitinho" como forma de resolver qualquer situação. Esse "jeitinho" é reconhecido mundialmente. O resultado dessa pergunta não poderia ser outro. A opção "Muito" (81%) aparece de forma substancial e indica toda uma cultura que, como vimos na história, vem de longa data.

"Só avancei porque não vinha ninguém."

| Muito |

Essa expressão é muito banal. Por certo, tantas e tantas outras sociedades também nos indicam a adesão a essa transgressão. Contudo, na nossa sociedade esperava-se que essa dimensão fosse mais acentuada. Efetivamente isso ocorreu. A opção "Muito" (95%) é quase absoluta. Cabe ressaltar que a opção "Nunca" não foi apontada por todo o espectro avaliado.

"Não vou dar dinheiro para esse Governo."

| Muito |

Essa questão apenas corrobora com a percepção da existência do Estado como referência. A opção "Muito" (90%) aparece de forma quase absoluta, o que nos reforça a ideia de que a sociedade de hoje tem uma fragilidade estrutural de reconhecer o Estado com um ente de referência.

"Pelo menos eles não estão roubando."

Muito	Pouco

Para finalizar, incluímos uma questão onde, mais uma vez, identificamos um discurso que contorna o aparato legal da sociedade. Nessa questão está inclusa uma ideia de que os fins justificam os meios. Ou seja, conota-nos uma situação de atenuação de uma irregularidade em prol de uma transgressão maior. Um exemplo claro dessa situação é a prática da atividade do camelô. Toleramos todas as informalidades que a atividade apresenta, mas nos convencemos que é melhor do que estarem roubando, que é um delito maior. A opção "Muito" (67%) aparece como a mais significativa. A Opção "Pouco" (5%) é inexpressiva. Isso nos indica a leniência relatada aqui.

Como dissemos, essa pesquisa foi realizada de forma presencial, e tornou-se mais do que uma entrevista. Permitiu que o assunto se estendesse prolongadamente, sem limites de tempo. Esse fato propiciou uma rica percepção das respostas apresentadas, e nos dá conforto pelas convergências apresentadas. Nessa forma utilizada, seria inviável a realização com um número de entrevistados superior ao adotado. Por outro lado, estamos absolutamente confortáveis em afirmar que se pudéssemos estender largamente o espectro da pesquisa — para uma pesquisa quantitativa — os resultados obtidos seriam amplamente convergentes, dada a ênfase que cada entrevistado apresentou. Portanto, não temermos em sustentar que, dado o espectro selecionado, aliado ao processo de aplicação, a resposta é representativa de uma parcela majoritária da sociedade brasileira. Obviamente, esse fato só será confirmado quando da realização de uma pesquisa quantitativa, fato que já recomendamos de antemão, como prolongamento do estudo em curso.

Assim, para fins de conceituação do personagem central desse trabalho, usaremos — com conforto — a tipificação do Homem Comum brasileiro como um resultado (majoritário) da pesquisa acima, qual seja: um homem que acha que o Brasil tem muitas leis, razoavelmente desacreditadas, que não vê nos seus representantes uma referência, portanto, não confiando neles, que acha que seu semelhante transgride as leis e regras de forma banal e que os seus antepassados eram bem mais confiáveis. Esse Homem Comum de hoje admite a transgressão, acha que o jeitinho é parte da cultura, e que não adianta reclamar.

É importante que se diga que tudo o que elencamos aqui está dentro de uma total consciência da existência de leis e regras. Portanto, não há uma denegação subjetiva. Podemos identificar claramente a consciência da lei e do poder, contudo, há um processo de contorno do aparato legal para o estabelecimento de uma nova ordem econômica legal. A expressão do Homem Comum brasileiro de hoje se encaixa muito bem na evolução da história da formação da sociedade brasileira, segundo a narrativa que selecionamos. Contudo, os resultados da pesquisa de campo foram, de certa forma, surpreendentes, sobretudo pelos altos números apresentados quanto à credibilidade do cidadão no Estado, no seu par etc. Visando enriquecermos essa análise, decidimos fazer pesquisa qualitativa, desta vez junto a cidadãos nativos americanos. Assim, ao longo do mês de julho de 2020, montamos uma pesquisa à distância, utilizando uma ferramenta de pesquisa chamada de *Surveymonkey*, com apenas quatro perguntas, que foram enviadas a cidadãos dos estados de Missouri e Carolina do Norte. Focamos basicamente nos seguintes pontos: (i) se o cidadão americano de hoje honra mais sua palavra que o cidadão do passado; (ii) se o cidadão americano de hoje transgride as leis; (iii) se na percepção dele o congresso o representa; e (iv) se ele acha que a maioria dos políticos é corrupta. Embora o espectro que conseguimos tenha sido apenas de 20 respostas à distância, a convergência das respostas foi realmente surpreendente. Vejamos:

Questões e Resultados obtidos:

Você acha que o cidadão do passado honrava mais sua palavra do que o de hoje em dia?
Do you think in the past people used to honor their word more so than people do nowadays?

Sim — 65%	Não — 35%

Você acha que o cidadão comum transgride as leis?
Do you think ordinary people in the US casually break laws?)

Sim — 60%	Não — 40%

Você acha que o congresso o representa?
Do you trust congress represents you?

Não — 100%

Você acha que a maioria dos políticos é corrupta?
Would you say most politicians are corrupt?

Sim — 80%	Não — 20%

40% dos participantes residem no Missouri e 60% dos participantes residem na Carolina do Norte. Espectro total de 20 pessoas.

Mesmo considerando a amostra bem pequena e tendo sido feita a distância, não podemos desprezar o viés que os números mostram. Podemos notar um processo de descrença nas referências, assim como nos próprios pares. Podemos notar essa tendência diante dos atuais fatos publicados pela mídia americana. As recentes manifestações por conta de atos praticados por policiais brancos contra negros têm desencadeado verdadeiras revoltas populares, expondo um grau de intolerância crescente naquela sociedade. A polarização do governo Trump tem acentuado visíveis insatisfações e descrenças em boa parte da sociedade.

De certa forma, essa situação corrobora com a tese que defendemos da falta de credibilidade crônica na sociedade, como fruto de uma mutação dos laços sociais, nos moldes defendidos por Lebrun. Podemos depreender, portanto, que essa notável dessacralização das sociedades atuais leve o cidadão comum a expandir seus limites do princípio de prazer, em detrimento do princípio de realidade. Podemos sustentar que, efetivamente, os limites foram alterados sensivelmente. Isso nos indica que a variável — Punição — pode ter uma importância maximizada, já que a referência no Estado vem perdendo a magnitude natural de outrora. De qualquer forma, imaginamos que com mais essa pesquisa, podemos continuar na análise dos objetivos centrais, passando, então, ao modelo da corrupção no Brasil, propriamente dito.

3.2.2. *O modelo de corrupção que o homem comum vê no Brasil de hoje*

Para construirmos o modelo da corrupção que o Homem Comum vê no Brasil de hoje, selecionamos 4 pontos que julgamos fundamentais: o legalismo seletivo; a mudança a partir da década de 60; a impunidade no Brasil e a Referência do Estado. Vamos ao primeiro:

3.2.2.1. *O legalismo seletivo*

A prática no malfeito sempre frequentou a cena brasileira, desde a sua criação, como vimos exaustivamente. A sociedade brasileira começa a ser formada a partir de um estado de ocupação e não sob o conceito de desenvolvimento social. Vimos isso quando analisamos a formação do Brasil colonial em que relatamos que os primeiros exploradores que aqui chegaram já traziam em suas bagagens outras experiências de ocupações que ruíram diante da má administração que fizeram. Claramente vimos que as possessões da Índia antecederam a ocupação brasileira, e que a mesma forma administrativa — deletéria — deveria ser usada aqui. Em outras palavras, a colonização aqui só ganhou maior prioridade após o declínio do império português na Índia, especificamente em Goa. As razões da colonização eram absolutamente comerciais e extrativistas, ou seja, sustentar a coroa.

Diferentemente de Goa, o início da colonização brasileira era inaugural. Não havia nenhuma civilização anterior à chegada dos primeiros ocupantes. Ao contrário, a Índia já dispunha de longa história social. Por todo o novo mundo, a colonização se deu de forma muito semelhante. Era a principal fronteira naquele momento da história, dividida entre um mundo espanhol e um mundo português. Vimos, então, que em todo o período colonial — cerca 300 anos — tivemos uma sociedade muito hierarquizada, na qual a referência não visava valores morais, pelo fato do desenvolvimento social não ser a prioridade. Já os subalternos — aqueles que eram os braços operacionais dos que mandavam — que inicialmente eram também imigrantes, se submetiam a esse quadro moral. Além da classe dominadora e seus subalternos, tínhamos os escravos e os indígenas — que efetivamente participaram de forma não representativa no estabelecimento das estruturas de poder. Portanto, o retrato do que tivemos no início era uma sociedade sem história pregressa com uma forte classe dominadora, subalternos engajados e uma legião de escravos.

A população no Brasil colonial foi predominantemente rural. O Brasil era uma grande zona rural, formada por fazendas de norte a sul. Segundo dados do IBGE, somente no final da década de 1950, a população urbana se iguala à rural. Esse fato é importante, pois a constituição social do Brasil se deu, na maior parte do tempo, no campo, ou seja, nas fazendas.

E aí entra a compreensão da miscigenação que temos hoje. Vastos relatos históricos dão conta de que os senhores dos engenhos, assim como seus descendentes, tinham filhos "secretos" com as escravas. Essa era mais que uma prática, era quase uma "obrigação". Era parte da cultura colonial. Quando relatamos o primeiro censo, em 1872, quase 40% já eram de mulatos e outros cruzamentos raciais. Essa prática era típica dos portugueses. Os espanhóis não aderiam a essa prática. Prova disso é a atual população da Argentina onde a presença de negros ou mulatos está abaixo de 10%. Contudo, na época colonial, os negros superavam 50%.

A importância dessa miscigenação no Brasil — na forma que foi feita — pode ser expressa por duas questões fundamentais: a dominação e a falta de formação educacional e cultural. Portanto, a grande massa da população atual do Brasil, teve a sua origem na cópula dos senhores com as escravas, sempre à margem dos costumes morais da época. Essa é a mais verdadeira negação social da formação social brasileira, que deixa claros traços na atualidade.

Fizemos esse passeio pela história para propor aqui que a sociedade brasileira se sustenta na formação de desmentidos. Era a paternidade renegada pela força dos valores culturais do momento. Essa questão é tão importante que merece uma pesquisa exclusiva. Contudo, não é o nosso objetivo aqui. Mas é fato que a história nos revela séculos de provas históricas da veracidade de tal afirmação.

Essa massa de filhos da terra foi crescendo. Compraram suas liberdades, assumiram posições mais elevadas, passaram a senhores, compraram terras, trabalharam, tornando-se aquilo que somos hoje. Tornaram-se o Homem Comum que vimos anteriormente.

É importante que não percamos de vista esse grande contingente que cresceu e formou a grande massa da população, sempre convivendo com os malfeitos, a partir dos exemplos deixados pelos que mandavam no poder. Esse fato é transversal à história brasileira. Vimos isso tanto na fase colonial quanto na monarquia e na república. Podemos dizer que esse fato primordial é representativo na história da nação Brasil. A referência do Estado sempre restou prejudicada ou excluída de uma realidade que não os incluía.

Todos sabiam que qualquer transgressão dos subalternos era punida com rigor. Isso varreu o Brasil Colônia, a monarquia e muito da República. Mas, também, todos sabiam que as elites, os funcionários régios que viraram públicos e os Barões ou donos de tudo, não precisavam cursar a mesma cartilha. Para eles, a lei era diferente. A repressão por um lado e, a transgressão por outro. Essa é a marca da história que vimos e relatamos aqui.

Portanto, o que se viu na história do Brasil foi o que podemos chamar de *Legalismo Seletivo*. O que valia para uns, nunca valeu para outros. Podemos achar essa máxima por toda a história brasileira, desde seu início, até os dias de hoje. É essa cultura que bate na porta do Homem Comum que entrevistamos. A percepção que esse homem tem das autoridades e das instituições carrega consigo uma história de séculos de desmandos. É uma percepção nítida e clara dessa herança, que é passada de geração a geração. O título desse subitem é o início do legalismo seletivo, mas poderia ser o legalismo seletivo de sempre. Por certo, a influência de tal prática — recorrente desde sempre — tem papel decisivo numa sociedade que se comporta como uma perversão social, onde só lhe ensinaram a contornar as leis.

Diante disso, vamos continuando nossa viagem no tempo, passando a nossa visão da década de 60, importante momento de virada, sobretudo no processo de mutação dos laços sociais, como já falamos.

3.2.2.2. A mudança a partir da década de 1960

Toda a base teórica de Lebrun, que adotamos como nossa, nos dá conta que houve um processo de perda dos valores hierárquicos. Houve um momento da dessacralização, a partir do qual tivemos essa ruptura com os padrões hierárquicos. De forma global, essa grande virada ocorre nos movimentos sociais iniciados na década de 1960.

Irene Cardoso, professora livre-docente do Programa de Pós-Graduação em Sociologia da FFLCH-USP, em seu artigo A geração dos anos de 1960: o peso de uma herança, nos fala dos movimentos ocorridos ali e da herança social que tivemos desde então. A autora nos diz:

> *Os escritos sobre a geração de jovens dos anos de 1960 têm se caracterizado, desde então, por apontar a profunda mutação cultural produzida pelos diversos movimentos daquele momento, ao mesmo tempo em que acentuam os efeitos dessas mudanças sobre as gerações seguintes.* (CARDOSO, 2005, p. 2).

Na concepção da autora, o mundo enfrentou uma série de eventos, passeatas, revoltas, que iniciaram uma verdadeira revolução social em que se viram transformações da imagem da mulher, dando lugar a uma sólida corrente do feminismo; a liberação sexual;

as modificações na estrutura da família — e aí recai algo substancial, a célula da sociedade passou a ser o indivíduo e não mais a família; a entronização do modo jovem de ser como estilo de vida; a flexibilização das hierarquias e da autoridade; a construção de novas relações entre o adulto e o jovem e o adulto e a criança; a criação de um novo imaginário da fraternidade; a introdução do "novo" na política; a emergência das questões ecológicas como se fossem também políticas, dentre outras.

No Brasil, a década de 1960 também se caracterizou como um momento de revolução na cultura, quando vários novos movimentos foram vistos, como por exemplo, o Tropicalismo e a Jovem Guarda. Mas também foi uma década marcada pela repressão, censura e violência. Uma época que, no âmbito político, foi muito marcada por falta de democracia. A autora conclui:

> *Os movimentos dos anos de 1960, seja na sua expressão mais propriamente política, seja na contracultural, ou mesmo nos modos em que combinaram essas expressividades, tiveram como traço característico a transgressão de padrões de valores estabelecidos. Transgressão não no sentido de uma pura negatividade, ou de uma negação absoluta dos limites estabelecidos, mas de um movimento que os atravessa afirmando novos limites* (CARDOSO, 2005, p. 3).

É exatamente esse ponto de inflexão que gostaríamos de identificar. A partir dos anos 1960, assistimos ao início do processo de mutação dos laços sociais, a que Lebrun se referiu. Obviamente no Brasil essa mudança cultural também nos atinge, possivelmente com algum atraso, se compararmos com os EUA, por exemplo, mas são visíveis seus efeitos nas décadas seguintes.

Postulamos, portanto, sem grandes riscos, que a partir da década de 1960 tivemos no Brasil um processo de mudança cultural, com dessacralização das instituições e a ruptura da obediência hierárquica como tínhamos antes. Na verdade, essa obediência hierárquica era mais uma questão de repressão do aparato público do que efetivamente uma sólida hierarquia institucional de forma tradicional.

Esse movimento no Brasil seguiu os movimentos em outros países, por certo. Não quero aqui caracterizar que passamos a viver numa anomia. Mas que houve uma clara mutação dos laços sociais e um forte processo de individualização social, isso nos parece claro, e sustentamos tal propositura.

Para concluir a postulação, sustentamos que a partir da perda do conceito da hierarquia — ou um arrefecimento das repressões — aliada à dessacralização das instituições, o Homem Comum brasileiro se viu no direito de também poder exercer — agora sem as restrições que o mantinham — as mesmas transgressões que sempre se viu nos atores do poder público.

É como se daquele momento em diante todos fossem absolutamente iguais. O que prevalecia em cima passaria a prevalecer em baixo. Era o verdadeiro "se eles podem, eu também posso". Aliás essa "nova" liberdade povoou o mundo a partir daquele momento.

No caso específico do Brasil, as décadas de 1960 e 1970 foram marcadas pela repressão, função da ditadura militar mas, também, fomentou-se uma estrutura libertária que eclode no final do período. A partir de 1985 o Brasil vive a redemocratização, processo esse que maximiza ainda mais essa "liberdade" ao cumprimento do dever cívico. O que assistimos desde então é uma substancial degeneração da moral. É como se tudo estivesse represado.

Podemos sustentar que esse ponto de virada nos pôs na condição de que a transgressão, que era uma primazia de poucos, passou a ser um "direito" de todos. Em outras palavras, a partir da alteração dos limites institucionais, passou-se a questionar a referência, no sentido amplo.

A perda das instituições, associada à debilidade da referência do Estado, ou seja, do Pai — o Pai social — caracterizam o movimento que postulo. A título de provocação, questiono uma nova realidade, dizendo que se tivéssemos a integridade da referência do Estado como modelo de moral social, a revolução cultural vista a partir de 1960 teria deixado uma diferente reação cultural no Homem Comum.

Um claro exemplo disso é a sociedade americana. Essa mutação cultural relatada aqui, ocorrida a partir da década de 1960 — cujo epicentro esteve nos EUA, possivelmente tendo o episódio da *Stone Wall* como referência, evidentemente influenciou fortemente a comunidade nacional americana, contudo, não há evidências de que tenha ocorrido tal comportamento pela transgressão, da mesma dimensão que vimos aqui. Isso também pode ser visto em países da Europa, principalmente na França.

Em 2018 esses movimentos de 1968 completaram 50 anos e foram amplamente noticiados mundo afora. Aqui no Brasil o portal G1 publicou uma reportagem em 06/05/2018 intitulada *A revolta de maio de 68 na França através dos cartazes feitos na época*. A reportagem começa dizendo que no turbilhão que agitava Paris em maio de 1968, alunos e professores ocuparam a tradicional escola de Belas Artes e deram início à produção de centenas de cartazes que serviram para mobilizar grevistas e militantes. E conclui dizendo que há exatos 50 anos, a França mergulhava num período de intensa turbulência política quando protestos de movimentos estudantis se alastraram para os trabalhadores, levando a greves e protestos multitudinários, além de intensos confrontos com a polícia, fortes críticas ao governo do general Charles De Gaulle, ao capitalismo e à violência policial. É importante destacar aqui, a curiosa palavra "multitudinários", que dá a dimensão da extensão desses movimentos, que também foram vistos em muitos outros países.

Pelo fato de ter frequentado profissionalmente, por vários anos, tanto os EUA quanto a França, não consigo identificar um processo de deterioração dos valores morais dessas sociedades como identifico na sociedade brasileira. Portanto, sustento que houve uma mudança a partir da década de 1960 no Brasil. Mas também, postulo que, em sociedades que dispunham de sólidas referências do Estado — o que nunca foi o nosso caso –, esse processo teve distinta evolução social. Entretanto, já antecipo a sugestão de uma análise mais profunda da história americana e francesa para a identificação de adicionais fatos que poderiam robustecer ainda mais a postulação que faço. Mas vamos falar sobre a referência do Estado, variável capital na postulação teórica.

3.2.2.3. A referência do Estado

O propósito desse item é analisar fatos que corroborem com o argumento de que o homem contemporâneo brasileiro — o Homem Comum — não possui em seu *script* social, a institucionalização sólida — crônica — da referência do Estado. Na composição final do marco teórico a ser investigado, sustentamos que, a partir do advento da mutação dos laços sociais no contemporâneo, como vimos, o seu comportamento de perversão social é maximizado. Em outras palavras, vamos investigar o quanto essa referência do Estado não está presente em sua cultura e a parcela da sua importância enquanto cidadão gregário. Mas, antes de entrarmos nos fatos cotidianos, vamos trabalhar o conceito de referência, nos moldes da referência do Pai, segundo o que nos diz Freud.

Já abordamos neste capítulo os conceitos de neurose, psicose e perversão. Por conseguinte, falamos no papel do Pai e da foraclusão como variáveis importantes em todo o processo. Contudo, cabe voltarmos ao assunto para debatermos melhor essa associação que propomos aqui entre a referência do Pai e o papel do Estado, para o Homem Comum do Brasil.

É fato que na sociedade de hoje — até por tudo que vimos na mutação dos laços sociais — reflexões sobre os principais papeis da família, dos membros conjugais etc., estejam mais do que em voga no processo de subjetivação do homem e, no bojo de tudo isso encontramos a figura do pai, desempenhando papel singular na formação do indivíduo.

Desde o início de sua obra, Freud coloca o Pai como elemento fundamental na estruturação psíquica de sujeito. Cabe destacar a obra *Totem e Tabu* (2012), de 1913 na qual o autor nos fala do mito da Horda Primeva. O autor nos pontua a questão das regras como marco da socialização e, sobretudo, da representação em que os irmãos se unem frente ao ódio de um pai tirânico, com a intenção de matá-lo. Na sequência da consumação do fato, o devoram e passam a viver um sentimento de culpa pelo assassinato desse pai. Mas esse sentimento de culpa torna esse pai mais forte, uma vez que o elevam a um posicionamento de santidade. A partir daí instauram o pai como uma figura simbólica, que passa a ser a base da organização social. Estamos falando da fundamentação do não matarás, bem como da instituição da culpa, do remorso e, acima de tudo, da lei.

Adicionalmente à questão do totemismo, Freud nos fornece o Complexo de Édipo, introduzindo o conceito de castração e estabelecendo normas de proibição que são introduzidas pela figura do Pai. Assim, para que reunamos as devidas condições para uma vida em sociedade, a referência da lei e da proibição passam a ser condição fundamental de existência. Não há vida em sociedade sem o reconhecimento da lei e do interdito, como bases do convívio social.

Numa iteração entre a psicologia individual e a psicologia social, poderíamos fazer um paralelo entre a figura do Pai, na construção psíquica do indivíduo e a figura do Estado (como Pai), na construção psíquica da sociedade? Pois bem, estamos propondo, portanto, o Estado como o *Pai Social* que, com a sua referência, instaura a lei como instrumento formalmente instituído num ambiente legal, assim como o castigo.

O Estado tem que ser capaz de resolver o complexo de *Édipo Coletivo*, afastando o sentimento de foraclusão e evitando o sentimento assistencialista advindo do convívio materno. O Estado funciona com a figura do Pai na solução da sociedade. Quando a lei que é essa referência se ausenta, qualquer outra lei cabe em seu lugar, como num movimento de perversão estrutural.

Quando esse Estado nos referencia leis morais deturpadas, esse será o padrão daqueles que as seguirão. O Pai e o Estado têm papeis semelhantes no estabelecimento do convívio social. Do indivíduo ao social.

Portanto, diante dessa postulação que ora proponho, a referência do Estado — como o *Pai Social* — torna-se elemento primordial para o tema em questão.

Selecionamos muitos fatos históricos sobre a representação do Estado como referência moral na sociedade brasileira, nos três momentos históricos que vimos, onde apresentamos incontáveis exemplos da falta da referência do Estado na formação da sociedade.

Contudo, um fato da atualidade não pode passar sem registro. Nesse momento em que escrevo este trabalho, o mundo passa pela maior pandemia já vista em pelo menos um século de história. Um novo vírus, chamado Covid-19, surge na China — especificamente na província de Wuhan, no final de 2019 e rapidamente se espalha pelo mundo.

Hoje, mês de maio de 2020, a pandemia já atingiu mais de 100 países em todo o mundo, deixando mais de 4 milhões de infectados e mais de 300 mil mortos, segundo a Organização Mundial da Saúde. Essa doença atinge as cidades mais densamente populosas do planeta de forma implacável, dado o seu altíssimo grau de contágio. Como tal vírus era desconhecido da ciência, nenhuma vacina estava disponível à sociedade. Portanto, a primeira ação necessária adotada pelos países mais populosos foi o isolamento social. Todos deveriam ficar em casa, pois não havia espaço nos atendimentos hospitalares para um fluxo tão intenso de doentes.

Isso exigiu dos governos, em todas as esferas, enorme capacidade de mobilização, espírito público, lisura no trato dos recursos públicos alocados à crise e, sobretudo, uma capacidade política extraordinária na aglutinação das lideranças políticas, em prol de ações conjugadas para mitigar os efeitos da crise. E é exatamente aí que nos inserimos.

A crise da pandemia mundial do Covid-19, lamentavelmente, tem sido a maior prova da referência moral que falamos aqui — por todo esse trabalho. Por mais que tenhamos passeado pelos momentos históricos no segundo capítulo, mostrando os malfeitos do poder público, por mais que tenhamos selecionado fatos contundentes sobre a referência do Pai Social em cada época, nada nos parece ter a dimensão do que estamos vivendo neste momento no Brasil.

Função da globalização mundial das últimas duas décadas, a disseminação do vírus foi explosiva. Todos sempre viajando, promovendo total integração, a doença se espalhou de forma exponencial, no mundo e, também, no Brasil. Chegamos hoje, maio de 2020, pouco mais de dois meses desde a anotação do primeiro caso, com ocorrência da doença em todos os 26 Estados do país e no Distrito Federal. Os números atuais indicam que o país tem mais de 16.000 mortes e 234 mil infectados, ocupando a quinta colocação no mundo, com uma perspectiva de números exponenciais.

Já não fosse suficiente a maior crise sanitária da história contemporânea no Brasil — como também no mundo — com devastadores impactos na economia, o país instalou uma crise política de dimensões que beira o absurdo.

Como o Presidente da República divergia de medidas de isolamento social, que segundo ele levariam o país a um desastre econômico, diferentemente da posição da maioria dos governadores dos principais Estados, tal desavença acabou nas bancas da Suprema Corte que decidiu em favor dos Estados. Assim, os Governadores passaram a dispor de medidas jurídicas para decretar o fechamento das atividades econômicas e, assim, promover o isolamento social. A partir daí, o que se viu na cena política foi um presidente descumprindo todas as medidas de isolamento social que Estados haviam decretado, não obstante, em sintonia com a Organização Mundial da Saúde (OMS).

Os telejornais de todo o país passaram a mostrar o Presidente se comportando de forma contrária às medidas, provocando aglomerações públicas e participando de passeatas e atos públicos, com viés contrário aos poderes instituídos da nação, quais sejam: o Congresso Nacional, o Superior Tribunal Federal etc., numa clara demonstração de desobediência civil de atos formais. Esses flagrantes têm se repetido diariamente, pelo menos nos últimos 60 dias.

A referência que se passa para o grande público é do descumprimento formal das leis e decretos, por aquele que deveria ser o maior guardião da lei e da ordem. Como exigir de uma nação, do Homem Comum, o cumprimento de regras se o chefe da nação é o primeiro — em rede nacional de televisão — a afrontar toda e qualquer determinação sanitária, mesmo pondo em risco milhares de outros homens comuns?

Como exigir de cidadãos — mesmo vivendo nas suas individualidades, mesmo vivendo na liberdade da modernidade, sem os limites de outrora — que cumpram deveres cívicos para com o próximo? Como exigir desse cidadão que não tenha o comportamento de um autêntico perverso social, denegando toda e qualquer lei existente, se o representante maior denega aquilo que deveria mostrar a cada um.

Não cabe aqui esmiuçar as razões políticas do presidente, mas o que vimos foi uma clara antecipação do processo eleitoral marcado para 2022. Os dois maiores Estados do país têm em seus governadores, forte oposição do governo central e, portanto, essa queda de braço seria a grande demonstração de poder político visando um processo eleitoral. Mas, convém lembrar que os interesses pessoais dos Governadores e do próprio Presidente, não podem ser supervenientes às milhares de mortes que estão ocorrendo em todo o país.

Não bastasse todo o jogo político que assistimos nos telejornais, entremeado pelos recordes das mortes em todo o país, estamos, também, presenciando uma avalanche de atos de corrupção nos Estados, relativos às compras de máquinas hospitalares, insumos de forma geral, bem como na construção de hospitais de campanhas nas principais cidades. Até o momento 11 dos 26 Estados estão sendo objeto de investigações pela Polícia Federal, Ministério Público e demais órgãos de controle, segundo informações do Ministério Público Federal. Diversos Estados da Federação já exoneraram seus secretários de saúde em meio a investigações de compras fraudadas. A sede do governo do Estado do Rio de Janeiro foi objeto de busca e apreensão numa operação da Polícia Federal de Brasília. As notícias dão conta de vários governadores envolvidos em esquemas de corrupção.

Cabe ressaltar que a quase totalidade dos Estados declarou situação de Calamidade Pública, os que os torna isentos de licitações nas compras emergenciais, dentre outras obrigações. Os jornais de todo o Brasil apresentam números estarrecedores de compras superfaturadas, empresas fornecedoras de equipamentos especializados em endereços fantasmas ou sendo apenas empresas de fachada. É bem verdade que foram reportadas fraude em outros países, tais como África do Sul, Bósnia, Grécia e até nos EUA, contudo, não na mesma dimensão vista aqui.

Diante de tantos exemplos de fraudes, destacamos uma que ultrapassou o absurdo e foi noticiado no site Metrópoles de 10/05/2020 www.metropoles.com.

Respiradores chegam quebrados e falsificados:

Assim como o avanço de casos da doença, denúncias de negócios supostamente superfaturados se alastram pelo País. Mas há situações em que a suspeita de irregularidades parte do próprio poder público. Na semana passada, a Prefeitura de Rondonópolis, terceira maior cidade de Mato Grosso, chamou a polícia após constatar que 22 respiradores comprados por R$

4,1 milhões eram falsos. (METROPOLES, 2020).

O site detalha irregularidades em São Paulo, Paraná, Santa Catarina, Rio de Janeiro, Amapá, Pará e Roraima. Em todos os estados, os inquéritos abertos se multiplicam na mesma velocidade que o vírus avança. É importante lembrar que estamos apenas há pouco mais de dois meses na pandemia.

O que tiramos de tudo isso para a pesquisa? A resposta é imediata. A referência moral do Brasil é precária. Aliás, como sempre foi. As questões de corrupção são questões meramente de oportunidade.

Relatamos aqui a maior operação contra a corrupção do setor público, que foi a Lava-Jato. Aliás, o fizemos com o maior entusiasmo. Mostramos que, embora sem a pretensão de mudar o panorama da corrupção pelo poder público, a operação desferiu golpes mortais na questão dos malfeitos, proporcionando prisões de membros do poder que, em outras épocas, jamais seriam sequer questionados.

Pois bem, bastou uma pandemia e em apenas poucas semanas, já vimos irregularidades que superam qualquer limite antes demarcado. Essas irregularidades estão ocorrendo desde o Governo Federal, chegando à quase totalidade dos Estados. Isso mostra que o poder público ainda não dispõe da cultura necessária à devida governança pelo bem público.

As mensagens que o Homem Comum, nosso grande personagem, recebe, continuam as mesmas que vem recebendo desde o seu início. Como vamos exigir que esse Homem Comum, agora dotado de um comportamento de perversão social, tenha a consciência de não transgredir?

Como podemos dizer que a referência existente não o influencie em seu comportamento? A perversão social está na sociedade que ele ocupa. Ele é a perversão social. Está nela, assim como está no poder público que lhe governa. O panorama nos parece bem claro, não?

Então, vamos, na sequência, tratar de um tema que está intimamente ligado à ausência da referência do Pai Social, possivelmente, sendo um de seus grandes causadores: a impunidade. Vejamos.

3.2.2.4. A impunidade no Brasil

A impunidade talvez seja um dos piores sentimentos sociais que podemos ter numa sociedade. Abala a credibilidade das instituições públicas, põe em risco a segurança, a paz social, mas, sobretudo, deixa a mensagem de valores morais inversos, criando um novo desenho ético.

A consequência direta é uma estratificação social, gerando verdadeiros estamentos que não se misturam dentro do conceito de pertencimento. A impunidade fomenta a revolta e o desfavorecimento, com toda a certeza.

Segundo Luiz Carlos de Paula Salles e Ronaldo Figueiredo Brito, autores do artigo Impunidade: consequência da criminalidade no Brasil?, existe uma teoria chamada de *Rational Choice Theory* (Teoria da Escolha Racional — TER), em que o agente criminoso reflete sobre o papel da decisão e da racionalidade na ação social, tendo como tema central o interesse próprio.

Via de regra, os autores afirmam que o agente criminoso tem a consciência de que está transgredindo uma lei ou uma regra, e que tal ato pode prejudicar uma coletividade. É fato, também, que o autor da transgressão age segundo determinada estratégia, observa todas as possibilidades partindo da ideia de que deve obter determinado resultado, visando correr menor risco de ser punido pelo Estado, já que praticou fato típico, sabedor de que seu comportamento é socialmente reprovável. Nesse contexto, os autores acrescentam:

> *Para a TER, a obtenção de satisfação das necessidades dos atores (dinheiro, sexo, amizade, status) por meio de uma conduta criminosa (roubo, por exemplo) importará na dinâmica entre soluções avaliadas pelos atores e na forma como estes percebem tais soluções. A experiência e o aprendizado prévio (com conduta criminosa, com a polícia, e sua auto percepção e consciência moral) podem levar o ator a perceber a solução criminosa como uma maneira de satisfação de suas necessidades, mediante a avaliação do grau de esforço envolvido, facilidade e rapidez das vantagens percebidas e da possibilidade e severidade dos custos,*

morais e de punição. (SALLES, 2015).

Muito embora a bibliografia escolhida seja especificamente jurídica, os autores mencionam que o fato gerador da transgressão é a satisfação da necessidade, absolutamente entendível quando podemos substituir por uma satisfação de um gozo, que não é reprimido, antecipadamente de conhecimento do agente transgressor.

Nesse aspecto, os autores revelam algo muito importante em nossa análise, eles dizem: "somente as necessidades materiais insatisfeitas pela condição social dos atores não são suficientes para levá-lo à conduta criminosa. Sua percepção de como agir diante destas situações também é decisiva para uma disposição ou não de roubar".

Em outras palavras, o transgressor — obviamente assumindo que estamos tratando de pessoas não acometidas de desequilíbrios psíquicos graves — age para sua satisfação, mas pelo conhecimento prévio da resposta à resistência do seu ato.

Segundo os autores, a impunidade no Brasil tem basicamente a seguinte contextualização: (i) a criminalização primária, que é da responsabilidade do legislador: criminalização dúbia, ausência ou excesso; (ii) *notitia criminis*, quando a própria vítima contribui para a impunidade: a descrença na justiça, a falta de expectativas reais, o desestímulo, o risco de perder dias de trabalho etc.; (iii) abertura da investigação, na qual nem todos os casos noticiados são investigados; (iv) investigação, em que nem todos os casos investigados são apurados; (v) abertura do processo, no qual nem todos os casos investigados são denunciados; (vi) comprovação legal e judicial do delito, em que nem todos os casos denunciados são comprovados; (vii) condenação, quando nem todos os casos processados são condenados; (viii) prescrição, com a morosidade da Justiça versus multiplicidade de prescrições; (ix) execução efetiva, quando nem todos os casos condenados são executados.

A importância dessa tipificação é, em primeiro lugar, para termos a consciência de que vemos — hoje — todo esse elenco ser praticado recorrentemente no cotidiano da cena comum no Brasil. Por certo, já nem nos damos mais conta, tamanha a banalidade da recorrência desses fatos. E segundo, se voltarmos ao capítulo dos momentos históricos que relatamos, vamos encontrar todos esses tipos de impunidades elencadas acima, em cada momento. No Brasil o tempo se repete recorrentemente.

Cabe como registro, que na visão de Foucault no decorrer do século XVIII, em diante, houve o afrouxamento da penalidade. Até então, tínhamos a ideia da vingança e, a partir desse ponto passou-se à ideia da punição. Porém, somente no início do século XIX começa a desaparecer a ideologia do corpo como alvo principal da repressão penal, agora o corpo não é mais suplicitado, mas a alma. Esse caminho que vimos nas sociedades ocidentais — em direção aos direitos do cidadão — atenuou a repressão individual como sacrifício. Mas isso não pode ser usado como mitigador para o caso brasileiro quanto à instalação da instituição impunidade. No nosso caso, vivemos uma questão da referência do Estado, que ao longo da história semeou um legalismo seletivo que veio se disseminando por todo o extrato social.

Citamos ao longo deste capítulo Norberto Bobbio, em seu texto sobre a era dos direitos. Citamos a inversão dos papéis entre Estado e cidadão: "não mais predomina o ângulo do soberano, e sim daquele do cidadão". Vimos que os cidadãos passaram a maximizar a palavra "direitos", enquanto o Estado passou a maximizar a palavra "deveres". Algo inimaginável antes do século XIX.

O processo da transgressão é tão parte da cultura e do imaginário, que postulo a sua inclusão no simbólico do Homem Comum. Assim, na postulação do modelo da corrupção brasileira, proponho a clivagem do eu do Homem Comum, sob o *fetiche da impunidade*, que faz com que todos saibam que estamos efetivamente transgredindo, contudo, a denegamos.

Assim, temos algo com que podemos "brincar". Esse algo é a impunidade que permeia transversalmente o extrato social. Postulo que esse processo já esteja tão introjetado no inconsciente e que todo o mecanismo se torne efetivamente parte do simbólico e é, portanto, praticado na sua forma banal.

Poderíamos aqui citar incessantes casos de impunidades em todos os segmentos da sociedade brasileira. Irei poupar nosso leitor de tamanho sacrifício. Acho desnecessário diante da clara percepção que temos entre aqueles que consideramos mais "esclarecidos". Deixo apenas como emblemático o comportamento do Presidente da República, diante do que assistimos na Pandemia que nos assola.

Esse processo autoalimentado da falta de referência do Estado e impunidade se eterniza na cultura nacional da sociedade. Quando esse assunto é discutido, sobretudo nos meios de comunicação, usualmente utilizamos o jargão que tal prática é fruto da falta de investirmos em Educação. Em outras palavras, a impunidade e a corrupção são frutos da falta de investimento em Educação.

Ledo engano! Essa questão é claramente cultural, pois permeia todo o tecido social. Os maiores crimes de corrupção vistos no Brasil, em toda a sua história, foram praticados pelos mais letrados. Portanto, acharmos que as classes menos favorecidas são as que mais transgridem é mero repasse da culpa, por também fazer parte do corpo como um todo. É um sentimento que a psicanálise dá muita conta dele.

Vimos aqui, ao longo da história, que a debilidade do Estado brasileiro não era o ponto fraco da nação. Era o ponto forte. Era exatamente essa debilidade que permitia a manutenção do *status quo* daquilo que se queria enquanto estado de poder. A debilidade do modelo sempre foi consciente na cabeça daqueles que atingiram o poder. Sempre souberam muito bem tirar proveito dos corredores da impunidade. A corrupção brasileira veio de cima. É obra do poder público. E só se sustentou pelo processo de achatamento cultural e pela disseminação da impunidade.

Esses aspectos formaram a base da debilidade política nacional. Política não no sentido partidário. No sentido da coisa pública, no sentido da *Pólis*. Sempre tivemos um processo discricionário e não um processo aleatório; é importante que reconheçamos esse fato. Evidentemente, todo esse processo ganhou uma dimensão tão grande na cena nacional, que a pulverização levou à perda do controle.

Gostaria de terminar essa seção com uma provocação. Abaixo apresentamos a última estrofe da letra do hino *Deus Salve a Rainha*, da Grã-Bretanha:

Thy choicest gifts in store	*Os melhores presentes*On
her be pleased to pour	*Que seja agradável lhe dar*
Long may she reign	*Que seu reinado seja longo*
May she defend our laws	*Que ela defenda nossas leis*
And ever give us cause	*E sempre nos dê motivo*
To sing with heart and voice	*De cantar com alma e a voz*
God save the Queen	*"Deus salve a Rainha."*

A letra de um hino de 1745, cantado fervorosamente até os dias de hoje, pede à rainha que defenda as leis do país (quarta linha). Pergunto: alguém nesse país chamado Brasil — diante de tudo que vimos, sobretudo a partir da tipificação do Homem Comum Brasileiro, cantaria um hino pedindo ao presidente que defendesse nossas leis? Muito pouco provável que haja credibilidade para tal, não? Se os britânicos ainda concordam com isso, só investigando. Mas eles ainda o cantam com muito fervor. E isso é fato.

Assim, acreditamos reunir as informações necessárias para os testes do objetivo central, bem como os objetivos secundários, que serão apresentados na Conclusão. Senão vejamos:

CONCLUSÃO

*O olho vê somente o que a mente
está preparada para compreender.*

Henri Bergson

É com imensa satisfação que começo a escrever essa conclusão. Satisfação por ter chegado a esse ponto, num tema que frequenta meus pensamentos há muitos e muitos anos. Como expus no início dessa pesquisa, a análise da sociedade brasileira se configurou numa das minhas melhores inquietações. Os estudos da psicanálise me permitiram enxergar tais questões de uma forma que, sinceramente, eu não acreditava ser possível quando iniciei essa caminhada. Portanto, toda gratidão à teoria da psicanálise por essa condição.

Essa pesquisa, na verdade, foi uma grande viagem pela sociedade brasileira, desde os primórdios da colonização até os dias de hoje. Visitamos algo como 450 anos de história. E nessa viagem tivemos sempre a companhia do personagem central da pesquisa, que foi o Homem Comum brasileiro. Vimos que a política do malfeito foi inaugurada pela elite do poder público, viajou por séculos, e atingiu, em cheio, o Homem Comum brasileiro dos dias de hoje.

Assim, nada melhor para concluir os trabalhos do que chamarmos essa figura central para uma seção de análise. Isso mesmo! Vamos conversar com esse Homem Comum no divã da pesquisa.

A partir de agora, portanto, esse Homem Comum estará contando toda sua experiência de vida, já que ele nasceu há quase 400 anos, mas hoje, ainda na meia idade — com cerca de 60 anos — mora na periferia da cidade do Rio de Janeiro, gozando de ótima saúde. Seu nome é Pedro Manoel.

(ANALISTA) *Seja bem-vindo Pedro, você tem uma longa vida, viveu tudo na história do Brasil. Conte-nos, portanto, essa grande experiência, mas comece, por favor, dizendo quem é você.*

(ANALISANDO) Meu nome é Pedro Manoel, nasci em 1640 numa fazenda na recém-criada cidade do Rio de Janeiro. Meu pai, um português, vindo de Portugal, e minha mãe, a escrava mais bonita da fazenda, daí eu ser esse mulato, com orgulho. Meu pai era um aventureiro amigo da corte, que veio para o Brasil e, graças à influência na política e, ao comércio de escravos, tornou-se um rico fazendeiro nessas terras do além-mar. Quando eu nasci, o governador geral da capitania era um tal de Dr. Salvador Correia de Sá e Benevides, aliás, pessoa a quem meu pai era muito ligado. Toda a riqueza do meu pai se inicia com a comercialização de escravos e com a cobrança de impostos em nome do governador-geral. Meu pai nunca me permitiu que o chamasse de pai por ser eu um filho de uma escrava. Mas ele me amava secretamente. Mas como eu era o único filho homem, naquele momento, e como não parecia muito mulato, ele me tornou seu ajudante de primeira ordem e não apenas mais um escravo, como minhas outras irmãs. Assim, passei a acompanhá-lo em todos os lugares e participar de todos os seus negócios.

Como funcionário público da capitania, onde desempenhava a função de guarda livros, meu pai tinha amplos poderes. Todas as nossas contas eram pagas com o dinheiro público. Os recursos da compra das fazendas e de todas as despesas vinham sempre do tesouro. Era dinheiro da folha de pagamento, dos impostos e de todos os lugares possíveis.

(ANALISTA) *Mas isso não era ilegal?*
(ANALISANDO) Meu pai sempre dizia que isso era uma forma de compensar os baixos salários que eles, como funcionários, recebiam. Isso sempre foi uma coisa normal e nunca houve qualquer reclamação por parte de qualquer pessoa. Em compensação, quando o Dr. Benevides precisava de dinheiro para mandar para Portugal, meu pai tinha que ajudar. Esse era o trato. Todos sabiam que essa era a regra, e tudo era feito dentro da maior honestidade. Todos os cidadãos da capitania sabiam que somente os altos funcionários públicos podiam usar desse expediente. Qualquer outra pessoa que ousasse cometer

qualquer desvio era severamente punida. Podia até morrer por isso.

(ANALISTA) *O que seu pai queria que você fosse?*
(ANALISANDO) Meu pai sempre dizia que queria que eu me tornasse um doutor advogado e virasse um magistrado, membro do Tribunal de Relações, que foi criado na Bahia, mas que um dia acabaria vindo para o Rio de Janeiro, como acabou acontecendo mesmo em 1751. Ele me dizia que ali se ganhava dinheiro como em nenhum outro lugar. Ninguém mandava mais do que aqueles magistrados. Quando foi aberto o tribunal no Rio de Janeiro, meu pai já havia morrido. Eu não quis me tornar um funcionário régio, aliás, na verdade, eu não consegui. Eu mal sabia ler e escrever, pois as escolas eram para muito poucos, mas eu sabia muito bem fazer contas.

(ANALISTA) *E com a morte do seu pai, como as coisas ficaram?*
(ANALISANDO) Quando meu pai morreu, fiquei com apenas uma pequena propriedade e passei a cultivar produtos que vendia nas feiras da cidade. As outras muitas propriedades ficaram com os parentes dele que vieram de Portugal, que jamais me reconheceram como filho. Comecei assim a virar um cidadão comum, apesar de ser um filho legítimo do meu pai. Passei, então, a viver como a minha mãe e minhas irmãs. Toda a importância que eu tinha simplesmente acabou.

Os parentes do meu pai continuaram sua saga de sustentar o governador e usufruir dos benefícios. Ofereciam grandes presentes em troca de favores. Como eu conhecia a prática, eu ficava sabendo, sem, contudo, poder participar. Mais tarde, todo esse processo de dar e receber em troca, viria a ficar conhecido como a economia do Dom. Eu a conhecia, mas não participava. Aliás, ai daquele que cometesse algum desvio. Era punido severamente.

(ANALISTA) *E a partir daí?*
(ANALISANDO) O tempo foi passando, as pessoas morrendo, e eu vivendo a história como um homem comum. Nada se modificava. Ninguém mudava de classe, a não ser as pessoas ligadas ao poder da colônia. O cidadão comum sempre seria um cidadão comum. Mas pelo menos tive a sorte de não ser um escravo. Depois de muitas décadas acabei aprendendo a ler e a escrever, mas a minha condição pouco se alterou. Os parentes de meu pai, agora mais distantes ainda, pois já eram descendentes dos descendentes, continuavam a viver dos benefícios do tesouro. O tempo passou, já estávamos em 1800, um novo século, portanto, mas tudo se mantinha igual. Um fato que me ocorreu agora: de repente, correu um boato que a família real viria para o Brasil.

(ANALISTA) *Esse momento foi de grande importância, mudou algo para você?*

(ANALISANDO) As notícias eram poucas, pois tudo era muito precário. Parece que foi uma ameaça de um tal de Napoleão à época, depois acabamos conhecendo a história. E acabou acontecendo, em 1808. Desembarcou por aqui a família Real. Tudo aquilo que sempre escutávamos dizer, estavam no Brasil e vieram para o Rio de Janeiro. Fui ao cais ver os navios. Nunca havia visto tantos. Soubemos mais tarde que mais de 10 mil pessoas desembarcaram por aqui e a pacata Rio de Janeiro se tornou a capital da coroa. Passou a ter uma importância que não tinha. Será que a nossa vida iria mudar para melhor? Perguntei a mim mesmo.

(ANALISTA) *E as pessoas que já viviam aqui?*
(ANALISANDO) Logo na chegada da corte, soubemos que um tal de Elias Antônio Lopes deu de presente ao rei, uma quinta chamada de Quinta da Boa Vista, onde a família Real residiria a partir daquele momento. Me lembrei do meu velho pai e a tal economia do Dom. Esse mercador Elias, se tornaria um grande amigo da coroa e certamente receberia, como acabou recebendo, muitos favores em troca. Já se passaram mais de cento e cinquenta anos desde que nasci, e o processo de favores ainda era o mesmo. Nada mudava. O povo era reprimido e os nobres esbanjavam. Quisera eu poder roubar um pouco. Aliás, era a vontade de todos, mas como? Ninguém ousava.

(ANALISTA) *E o Rio de Janeiro a partir daquele momento?*

(ANALISANDO) Tudo ficou grande no Rio de Janeiro, a cidade passou a ter uma importância que jamais tivera. Eu tive que me afastar ainda mais para a periferia, pois o poder público e suas influências cresciam. Fui obrigado a vender as minhas terras e comprar outras mais afastadas, até para fazer dinheiro, pois tudo ficara mais caro. Muitas pessoas importantes vieram para a cidade. Muitos negócios, muitas influências. O tempo foi passando, a cidade crescendo junto com o poder e os favores. Líamos nos jornais todos os dias que o Rei havia nomeado alguém com algum título. Eram marqueses, condes, viscondes, barões e tantos outros que ocupavam as poucas páginas existentes dos periódicos. Me lembrava sempre do meu velho pai. Os favores eram certos. O povo não tinha acesso a nada, nem sabia o que acontecia. Apenas trabalhávamos, pagávamos os impostos, que eram pesados, e víamos a realeza passear pela cidade nas belas roupas e suas lindas carruagens. A distância entre as classes sempre foi a mesma, desde que me entendo por gente. Pela influência do meu pai, eu sempre quis entrar na política. Mas nunca consegui. No Brasil não havia espaço para pessoas comuns entrarem na política. Somente as pessoas influentes e amigos da corte. Na história desse país as coisas nunca mudam. Em 1821, a corte partiu do Rio de Janeiro e voltou para Portugal.

(ANALISTA) *Esse foi, também, um movimento importante! Conte-nos um pouco a experiência.*

(ANALISANDO) Foi um acontecimento. Ficamos sabendo que o Rei limpou os cofres do Banco do Brasil. Só soube por que tinha alguns amigos influentes. Todo o dinheiro do país foi embora. E ninguém nem ficou sabendo. É por isso que nada melhora por aqui. No ano seguinte, foi decretada a independência do Brasil. É bem verdade que o Brasil vinha passando por muitas revoltas. Lia sempre isso nos jornais. Mas a independência foi mais um arranjo da corte para tudo continuar como estava. Já que Portugal iria perder o Brasil mesmo, que ficasse nas mãos do filho do Rei.

Independência... Nada mudou. Saiu um Rei e entrou outro. Tudo português, tudo de fora. Esse Dom Pedro I jurou mudar o país. Não dava para acreditar. O povo nunca participava e nunca ficava sabendo. Você acredita que em 1831, o Monarca abdicou do trono em favor do seu filho, que tinha apenas 6 anos? Como um país pode ser governado por um menino? Só o Brasil mesmo. Você acha que tudo pode piorar? Pois bem, piorou. Foram 9 anos de uma regência em que ninguém mandava em ninguém, e todos mandavam em todos. Aliás, ninguém sabia quem mandava. Se a era dos favores era ruim, esses nove anos de regências foram, talvez, os piores. Favores e corrupção por todo lado. Revoltas, maus tratos, mortes. Muito sofrimento do povo. O Brasil não tinha a menor representatividade. Mas o povo, talvez pela ignorância, ou talvez pela repressão, não se levantava, somente aceitava.

(ANALISTA) *Alguma coisa lhe chamou mais atenção nesse período?*

(ANALISANDO) Em 1840, o parlamento muda as leis e emancipa o Rei menino. Quanta transgressão. No ano seguinte, Pedro II, o menino, foi coroado, com 16 anos. Já vi muita história nesse país e parece que nada muda. Sempre os mesmos ganham. Eu continuava na minha propriedade tentando sobreviver. O máximo que eu consegui fazer era mexer na balança que pesava os meus produtos e ganhar alguns trocados a mais na venda. Tinha que sustentar minha família e meus filhos. Mas eles aceitavam bem as condições que tínhamos e me respeitavam muito. Mesmo assim, as poucas coisas que eu fazia de errado, sempre para ganhar mais e fechar as contas no final do mês, eu fazia com muito medo, pois se eu fosse denunciado para a polícia por alguma pessoa importante, eu estaria morto. Roubar, só os nobres.

(ANALISTA) *Mas pensa em algum fato curioso que você se lembre.*

(ANALISANDO) Tem um fato curioso que me lembrei agora. Em 1831 o parlamento promulgou uma lei proibindo a escravidão. Achei que tudo iria mudar a partir dali. Contudo, o tempo passou, mas o tráfico de escravos continuou. Lemos nos jornais que a Inglaterra ameaçou o Brasil, pois eles não queriam mais o Brasil com escravos, produzindo produtos baratos.

Segundo os jornais, o clima entre os dois países esquentou. Tempos mais tarde, ficamos sabendo que essa lei foi feita apenas para os ingleses verem, mesmo. Não valeu de nada. Até hoje todo mundo usa essa expressão: para inglês ver, que veio daí. Como a pressão da Inglaterra aumentou muito, em 1850 o parlamento decretou uma lei que acabou com o tráfico de escravos. Mas não acabou com a escravidão. Todo o comércio era feito na clandestinidade. Todo mundo sabia, mas ninguém falava. Isso foi até a Princesa Isabel proclamar a abolição. Mais uma armação. Quando ela assinou a lei, já não tinha tantos escravos assim. Mais uma jogada do Pedro II para tentar botar a filha no seu lugar.

(ANALISTA) *E depois do fim da escravidão, o que houve?*
(ANALISANDO) Logo depois a população do Rio de Janeiro foi surpreendida por uma grande parada militar. Ninguém entendeu nada. Mais tarde ficamos sabendo que tinha sido a proclamação da República. No fundo foi um grande golpe do exército. Mudaram os nomes, mantiveram-se os privilégios. Agora, tudo na mão dos militares. Nós, continuávamos na mesma, eu minha família, meus filhos — que agora eram outros, né. O Rio de Janeiro crescia, a população aumentava, e a desigualdade só crescia. Só quem trabalhava no governo vivia bem. Aqueles governos faziam muita propaganda para o povo

votar nas eleições. Principalmente as de presidente. Mas as fraudes eram visíveis. Eu mesmo recebi certa vez a visita de um coronel que me obrigou a votar num candidato dele. Ele acabou até me dando um dinheirinho para mim e meus filhos mais velhos. Aí eu votei. Todo mundo vendia os seus votos mesmo. Quem não vendia era obrigado a votar em algum candidato. Mais tarde isso ficou conhecido como voto de cabresto. Aliás cabresto foi o que mais vi desde que nasci.

(ANALISTA) *E aí? Como foi o final desse século?*
(ANALISANDO) O progresso se acentuou, mas as crises econômicas também. Vivemos uma no final do século XIX que foi arrasadora. O povo sofreu demais. Ficou conhecida como a crise do encilhamento. Mas a vida continuou. A minha sempre na mesma. Sempre trabalhando e vivendo modestamente, eu, minha família e meus filhos, sem qualquer oportunidade para crescer. Depois de mais uma crise nacional, que teve até morte de político importante, vivemos mais um golpe. Um militar do Sul assumiu o Governo do Brasil. Seu nome era Getúlio Vargas. Tudo com muita repressão, que ninguém ousava ser contra, principalmente o cidadão comum.

(ANALISTA) *Interessante! Como foi a era do Getúlio?*
(ANALISANDO) Com Getúlio, vimos que no transcorrer dos primeiros anos as coisas finalmente poderiam mudar. E não é que mudou mesmo? Getúlio foi o

primeiro governante que passou a olhar para os mais pobres. O pobre passou a ter vez e nós, passamos a apoiá-lo incondicionalmente. Não sei se isso foi um erro, mas aconteceu. Ele nos deu Carteira de Trabalho, Férias, Saúde e até sindicatos. Tudo de moderno passou a ser implantado. Nunca havíamos visto isso, e olha que eu já vivi alguns séculos dessa história. Alguns poucos diziam que muita coisa errada estava acontecendo. Mas quem se importava? Os pobres estavam sendo olhados. É bem verdade que em 1937 deveriam ocorrer novas eleições presidenciais. Mas parece que o Dr. Getúlio descobriu um plano diabólico para derrubá-lo. Pois bem, ele anulou o pleito e se proclamou presidente. Bem feito! Ele era o melhor mesmo.

O pobre estava comendo e trabalhando. Ele distribuía até sopa na rua. Os tempos eram difíceis, pois o mundo estava em guerra. Ele fez muito pelo Brasil nessa situação. Participamos até da guerra, e no lado que ganhou! Getúlio passou a ser idolatrado. Seus comícios no campo do Vasco da Gama eram memoráveis. Ninguém perdia. O povo ficou cego por ele. Mesmo não tendo eleições. Meus filhos adoravam Getúlio.

(ANALISTA) *E como acabou isso?*
(ANALISANDO) O tempo foi passando, até que ele caiu num outro golpe. Quantos golpes eu tive a oportunidade de presenciar, hein? Os jornais criticavam Getúlio citando contrabando, mortes de opositores

e tudo mais. Mas o pobre passou a comer e ter voz. Porém, não teve jeito, Getúlio volta em 1951 e fica até o seu suicídio. Foi uma comoção nacional. O país parou para ver o pai dos pobres ser enterrado. Todos choraram.

(ANALISTA) *E depois desse golpe?*

(ANALISANDO) Depois de presidentes sem expressão, o país voltou à democracia e em 1956, assumiu um presidente bem populista. Tentava imitar Getúlio, mas era muito almofadinha. Seu nome era Juscelino. Ele mudou a capital do Rio de Janeiro para um lugar onde não havia nada. Chamaram de Brasília. Sabe quem pagou por isso tudo? O Povo. Foi a melhor maneira de tirar o foco das falcatruas do Palácio do Catete no Rio e levar para um lugar onde ninguém tinha acesso. Os primeiros materiais para a construção foram levados de avião. O povo não tinha ideia do custo disso. Mas a gente sabe que foi uma tremenda roubalheira. Sabe o que eles alegaram? Interiorização do país. Alguém acredita? Há quantos anos eu sou enganado pelo Poder? Ou melhor: há quantos séculos? Só não chega a minha hora. Se eu roubar, vou em cana.

Continuo na minha vidinha com a minha família vivendo modestamente, vendo os barões enriquecendo todos os dias. A cada dia um barão novo.

A coisa ficou tão feia após o Juscelino, que tivemos um cara chamado Jânio e depois um tal de João Goulart, aí os militares deram um novo golpe. Na gestão do Jango, o povo se alvoroçou muito e todos diziam que seria instalado o comunismo no Brasil. Mais uma historinha para enganar o povo. Foi mais uma mudança de poder que desde a queda de Getúlio estava marcada.

Quantas vezes eu disse a você que vivi mudanças de poder no Brasil sem que nada tivesse mudado no Povo? O Povo brasileiro nunca se revoltou. Nunca fez uma guerra ou ao menos uma revolução, como vimos, por exemplo, nos EUA. O povo sempre pagou a conta dos impostos, foi reprimido e aceitou a mudança de poder. Ninguém era punido. Na gestão do Getúlio, o povo teve muito benefício, mas teve que engolir muita falcatrua e assistir calado. Mas pelo menos teve benefícios que nunca tinha tido antes.

(ANALISTA) *E agora com os militares?*
(ANALISANDO) Pois bem, agora com os militares novamente no poder, o Brasil assistiu ao que eles chamaram de "milagre". Grandes obras e repressão para todo o lado. Quem fosse contra simplesmente sumia. Meu grande medo era com meus filhos. Se eles viessem a se tornar subversivos, iriam sumir. Foi difícil controlar. Mas o milagre era a gente continuar vivendo a vida simples, sem poder crescer, assistindo os poderosos vivendo uma vida de conforto. Milagre é ficar calado numa hora dessas. O povo brasileiro vive por milagres. Eu já tinha pre-

senciado repressão social. Mas esse período foi um exagero. Como sumiu gente!

(ANALISTA) *Você tinha algum conhecimento do que acontecia no mundo nesse momento?*
(ANALISANDO) Sim. Eu ficava sabendo, principalmente por jornais clandestinos. Eu me lembro que, nesse momento, o mundo era sacudido com movimentos sociais, principalmente vindos dos Estados Unidos, que foram muito significativos. O final da década de 70 marcou muitas revoltas mundo afora. Nos EUA, na França, por todo lugar. Muitas minorias se levantaram. Eu lembro que teve um evento numa boate americana que marcou muito. Por aqui apenas assistimos modestamente, mas como vivíamos tempos de chumbo, nossas minorias continuavam escondidas. Mas a mensagem foi dada. E eu me preocupava com os meus filhos. Queriam, mas não podiam ser comunistas. Mas eu sentia que as cabeças começavam a ser diferentes. Aquela panela de pressão iria estourar em algum momento. A sociedade começava a ser diferente.

(ANALISTA) *E aí, como acabou isso tudo?*
(ANALISANDO) Depois de muitos anos de generais no poder e, muita gente sumida, chega ao fim a era dos militares e, numa grande negociação com os poderes que surgiam à época, o país começa um processo de redemocratização. Tudo sempre muito arranjado, visando dar respostas ao povo. Parece até que eu já

havia visto esse filme. Começou uma era de volta dos que haviam sido exilados. Lógico que eles trouxeram ideias mais modernas, sobretudo do levante das minorias que havíamos visto anos antes.

(ANALISTA) *E depois dos militares?*
(ANALISANDO) Depois dos militares, o país passa por um longo período de crise econômica. Nesse momento, só se falava da dívida externa. Acho que o Brasil quebrou nesse momento. Mas o milagre? Acho que chegou a conta para o povo pagar mais uma vez. Nesse momento a gente assistia uma crise do petróleo e tudo era muito difícil. A nossa vida ficava cada vez mais difícil. Mas o povo lá de Brasília não parecia que vivia com as mesmas dificuldades. A partir de 1985 veio a abertura. A sociedade em geral já não era a mesma. O empobrecimento era crescente e o cidadão já não tinha o mesmo medo de antes. Eu já assisti o vale tudo.

(ANALISTA) *Momento importante, não?*
(ANALISANDO) Sim, muito importante, mas o povo começou a se rebelar. Muitos anos de desmando. Todos sempre metendo a mão e o pobre sempre pagando a conta. Eu já havia vivido alguns séculos e estava de saco-cheio de ver a história se repetindo década após década. Eu sempre contava as histórias para os meus filhos. E eles sempre contando para os filhos deles. Contávamos sempre as mesmas histórias. Tudo sempre igual, e minha vida nunca saía

do lugar. Eu tentava ser honesto naquilo que vendia, no meu trabalho, na minha vida e nada. Mas agora tínhamos algo diferente. Eu já não conseguia mais segurar meus filhos. Eles não tinham a minha formação. Eram jovens e não queriam respeitar mais nada. Sabiam que na base do dinheiro podiam comprar tudo. Eram diferentes dos meus filhos do passado.

(ANALISTA) *Como era o país nesse momento?*
(ANALISANDO) Vivíamos outras gestões, como a do Collor, que caiu num tal de *impeachment*. Algo que nunca havíamos visto. Mas sempre com a mesma música, chamada corrupção. Ninguém aguentava mais tanta falcatrua do poder público.

(ANALISTA) *Você consegue fazer uma comparação da sociedade dessa época com a da sua adolescência?*
(ANALISANDO) Se eu tivesse que simplificar a resposta, eu diria que agora ninguém respeitava mais nada. O povo se achou no direito de fazer o que bem entendesse. O povo acabou entendendo que ninguém mandava mais no país. Começou a valer o lema: se eles podem nós podemos também. Ninguém punia mais nada. As minhas terras foram encolhendo. A cada momento eu tinha que vender um pedaço para pagar alguma coisa. A minha região virou um grande favelão. Já não conseguia produzir quase nada e muito pouco eu vendia. Eu vivia de biscates. Para quem já havia sido um senhor de escravos, hoje eu era um autêntico escravo. Duro era ver minha famí-

lia, meus filhos vivendo na pobreza. Os meus filhos de antigamente viviam muito melhor do que os meus filhos de hoje. Os filhos de antigamente eram mais conscientes do que os filhos de hoje.

(ANALISTA) *E depois?*
(ANALISANDO) Aí vivemos uma calmaria com um tal de Plano Real. Parecia que as coisas iam se acertar. Tivemos uma grande melhora na economia, mas o empobrecimento tinha sido tremendo. Aquilo que mais me chamava atenção nesse momento da sociedade era a deterioração dos valores e a violência social. Todo mundo fazia o que bem entendia. Antigamente o povo tinha medo de tudo. Roubar era para poucos. Hoje, ninguém tem mais medo de nada. Vale tudo. Não se pune mesmo. O cara é preso, logo depois está nas ruas de novo. Aí, as coisas pareciam que iriam mudar para os pobres novamente. Foi eleito no Brasil um operário.

(ANALISTA) *Outro momento importante na sociedade, não?*
(ANALISANDO) Sim. Até porque todos passaram a acreditar. Imagina! Uma pessoa igual a todos nós foi eleita para comandar o país. Depois de séculos o Brasil finalmente sendo governado por um pobre. Esse período me lembrou muito o momento Getúlio. Só que lá o povo tinha medo e respeitava tudo. Agora, era um tal de vale tudo. Tivemos muitos benefícios. Foi uma maravilha. Tudo crescia no governo. Concurso para todo lado. Se eu não fosse tão velho

eu até tentaria algum. Meus filhos, esses de agora, tentaram. Mas não conseguiram. Não conheciam ninguém lá dentro e tinham poucos estudos. O momento era muito semelhante ao do Getúlio. Só que lá tudo era muito mais honesto. Hoje não existe mais honestidade. Os meus filhos já não me respeitam mais como os meus filhos de antigamente. Mal sei o que eles fazem nas ruas. Volta e meia um deles aparece com um tênis que eu não tinha dado dinheiro para comprar. Nem me atrevo a perguntar como eles conseguiram. Mas esse período acabou e entrou uma mulher no poder.

(ANALISTA) *E aí, o que você me diz com uma mulher mandando?*

(ANALISANDO) Sim, tudo mudou. Até que um dia vimos manifestações de rua como nunca havia visto aqui. Isso foi em 2013. Pensei que fossemos viver um novo golpe militar. Morri de medo pelos meus filhos. Até que ela caiu num novo *impeachment*. Mais confusão na sociedade. A cada vez que vivíamos esses desmandos, mais a população se achava no direito de fazer o que bem entendia. Todo mundo roubava todo mundo. Nas vendas, nos botecos, nas repartições públicas, em todo lugar. As coisas só funcionavam na base do dinheiro. Como a sociedade havia mudado! O vale tudo lá de cima havia alcançado todos nós. Se eu não roubasse no peso dos meus produtos, não sobrava nada para eu comer. Eu tinha que comprar uns produtos, que eu sabia que eram roubados, para revender como camelô e fechar as minhas contas no final do mês. Tive que entrar nessa também. Não teve jeito. Eu pulava a linha do trem para não pagar passagem. Eu te pergunto: só eu pagava? Como ninguém pegava quem pulasse lá no meu bairro, eu passei a fazer também.

(ANALISTA) *Algum fato lhe chamou atenção nesse momento crítico?*
(ANALISANDO) Sim. Talvez o mais importante de todos que lhe falei. O Brasil viveu uma coisa que eu, também, nunca havia visto. Veio a Lava jato. Prenderam governadores, deputados, ex-presidentes e tudo mais. Olha! Eu nasci na escravidão, vi tudo o que esse país viveu. Nunca imaginei que viveria para ver a prisão de gente poderosa. Achei que o país finalmente mudaria. Disse para os meus filhos: agora finalmente vai.

(ANALISTA) *E aí o Brasil foi?*
(ANALISANDO) Sabe o que aconteceu? O empobrecimento era tão grande, o descrédito era tão profundo, que elegemos um militar. Isso mesmo. Mais um militar no Brasil. É porque eles não viveram os muitos golpes militares que eu vivi. As coisas só pioravam depois. Eu confesso, tudo parece que sempre se repete. E aí vivemos a pandemia do Covid. Me lembrou a gripe espanhola de 1918. Só que agora foi em mais países e a comunicação mostrou mais seu poder de devastação. Lógico que hoje em dia temos

muito mais recursos e, portanto, morre muito menos gente.

(ANALISTA) *E o que você pode me dizer sobre a pandemia?*
(ANALISANDO) Tem sido tudo muito triste, pois muitos de nós estão morrendo. Até agora meus filhos não pegaram. Nem eu. E olha que eu saio para trabalhar todos os dias nos ônibus cheios. Quarentena que vemos na TV é coisa para rico. Pobre tem que conseguir o pão de cada dia e não tem essa de quarentena. Mas duas coisas me saltaram aos olhos nesse momento.

(ANALISTA) *Então nos relate, por favor?*
(ANALISANDO) A primeira foi ver na TV o presidente andar por todo lado ignorando a gravidade da pandemia. Logo ele. Me lembrou os Imperadores que tivemos. Valia para todo mundo, menos para ele. Não usava máscara, não estava nem aí. Que exemplo? A segunda delas foi a corrupção desenfreada que assistimos na TV. Mesmo depois de uma lava-jato, que prendeu centenas de figurões, assistimos todo tipo de roubalheira, agora na saúde do povo. Li nos jornais que todos os estados do Brasil estão com investigações de desvios de dinheiro. Tínhamos toda a crença que a lava-jato iria deixar uma nova era. Doce ilusão. Todos os figurões envolvidos. Como mostrar para nossos filhos que o trabalho compensa? Até eu não acredito mais nisso. Todo mundo faz. Hoje, eu faço também. Assumo. Não adianta falar mesmo.

(ANALISTA) *Então, você faz mesmo sabendo que é errado?*
(ANALISANDO) Eu sei, mas mesmo assim....faço.

(ANALISTA) *Pois bem, agora que você já nos contou toda a sua longa experiência, eu tenho uma questão central para lhe perguntar: como um Homem Comum brasileiro que você se tornou, você diria que seu comportamento é tal que você banalizou as atitudes, digamos corruptas? Sendo mais técnico, você passou a ter um comportamento típico de uma perversão social?*
(ANALISANDO) Vejam os meus filhos de hoje e os compare comigo. Quando eu vivi o Brasil colônia, vivíamos um Governo sabidamente corrupto. Mas não tínhamos coragem e nem oportunidade de fazer igual. Ninguém ousava se levantar contra o sistema que todos nós respeitávamos. Também não tínhamos conhecimento de outras nações para poder saber se efetivamente aquilo era errado. Simplesmente acatávamos. Todos nós éramos muito ignorantes e a comunicação não era o que temos hoje. Na época do império as coisas não eram muito diferentes. Naquela época, a repressão era intolerável. E todos respeitavam os homens do poder, mesmo sabendo que alguma coisa era errada. Meus filhos daquela época me chamavam de Senhor e me pediam "abença". Naquele momento da vida eu já era um homem comum e, mesmo assim, os meus delitos eram insignificantes. E o mais importante, se algum de nós errasse, era punido. Na república, sobretudo, com Getúlio, o sentimento era de respeito. A gente

acreditava neles. Os meus filhos daquela época eram getulistas e queriam lutar na guerra. É óbvio que sempre dávamos um jeitinho. Mas a sociedade era séria, mesmo vendo os poderosos fazendo o que queriam. A partir dos militares da década de 1970, vimos as coisas começarem a mudar.

A família já não era unida como antes. Os meus filhos, desse momento, já não me chamavam mais de Senhor. Pedir "abença", nem pensar. Eram modernos, independentes. Não estavam mais preocupados com o que os mais velhos pensavam. Era como se não ligassem para a geração dos mais velhos. Sabiam que a impunidade passava a reinar e ninguém mais respeitava os governantes. Não respeitavam mais as famílias, vão respeitar os governantes?

Por outro lado, confesso que cansei. Eu fui muito honesto por séculos. Vi toda a roubalheira dos poderosos. E o que aconteceu? Eu só virei pobre. Já que ninguém pune mais nada mesmo, eu passei a dar o meu jeito também. Eles fazem, eu não vou fazer?! Eu posso parar com qualquer prática, mas todos terão que parar também. Somente eu não? Olhando para trás, nessa longa caminhada, por certo passamos a adotar atitudes corruptas de forma banal. Mas isso tudo pela impunidade e pela descrença geral, mas é importante que se diga que somos pessoas normais.

(ANALISTA) *Você acha que a corrupção brasileira é uma prática atual ou sempre frequentou os costumes do indivíduo comum brasileiro?*

(ANALISANDO) Essa é fácil. Eu melhor do que ninguém posso lhe dizer sobre isso. A corrupção brasileira é parte da história da formação da sociedade. Quando eu era jovem, trabalhando com o meu pai, eu via o medo que todos tinham de fazer algo errado. Lógico que faziam. Mas quando eram pegos, muitos eram mortos. Mas por toda a história, vimos que os poderosos — governadores, presidentes, parlamentares e, sobretudo, os funcionários públicos — praticavam seus ilícitos. Sempre viveram melhores que o resto. Mas houve uma mudança. As pessoas de hoje não têm mais o medo dos delitos. Não respeitam mais as estruturas como fizemos no passado. Hoje quem não faz é bobo. A comunicação de hoje mostra todos os dias que a impunidade é a arma. Deixamos de acreditar. Muito antigamente, a gente sonhava com um mundo melhor. Hoje ninguém sonha mais nada. A corrupção se disseminou por completo. Na época do Getúlio não era assim.

(ANALISTA) *A corrupção deixou de ser uma prática das elites do poder para ser prática comum?*
(ANALISANDO) Isso eu já mostrei ao longo de toda a minha narrativa. Quando eu era jovem, víamos o malfeito. Hoje fazemos o malfeito, assim como todos.

(ANALISTA) *O Poder Público, ou seja, o Estado, não se constituiu numa referência ao sujeito no Brasil ao longo da história e ainda não se constitui nos dias de hoje?*

(ANALISANDO) Essa pergunta é mais complexa e merece uma resposta mais longa. Olhando para trás, os Governos que vi nunca foram uma referência para um cidadão como eu. Eu sempre soube que os Reis, os presidentes, os funcionários régios e governantes de forma geral, atuaram pensando em suas próprias situações. Hoje eu vejo que o governante é uma profissão e não um sacerdócio, principalmente no Brasil. Aqui o lema sempre foi: assumir o poder para se ajeitar. Isso ocorreu no Brasil Colônia, na Monarquia e na República. O conceito básico sempre foi o mesmo, o processo é que se sofisticou. Isso eu falo com conhecimento de causa por ter visto toda a história. Hoje falamos em funcionários fantasmas nas repartições públicas. Ora, vi isso em 1700. Do mesmo jeito. Mas hoje se faz com mais sofisticação. Se eu pudesse fazer uma comparação, eu diria que antigamente nós respeitávamos mais o Poder Público. Talvez temêssemos mais pelas punições, óbvio. Isso efetivamente mudou. Outro ponto importante é a concentração de poder. Nos primórdios, o poder era concentrado. Hoje a pulverização é total. Todo mundo manda. A comunicação foi decisiva na evolução da sociedade. O processo de punição, os direitos humanos, os códigos penais e, sobretudo, a valorização do cidadão, do indivíduo, mudou ao longo desses séculos. O indivíduo de antigamente era apenas um. O de hoje, é o indivíduo. As coisas ficaram muito mais consequentes. Tudo hoje é inconstitucional. Antigamente não tínhamos isso. Quem se importava com a sociedade? Quem se importava com a educação do cidadão comum? Mas tudo isso não foi suficiente para mudar a cultura da corrupção no Brasil. Me lembrei agora de uma passagem que mostra bem essa questão do poder público no Brasil. Em 1920, o presidente do Brasil era o Epitácio Pessoa. Naquele ano, estávamos comemorando 98 anos da independência. Quando o presidente soube que o Rei da Bélgica, Alberto I viria para as comemorações, ele resolveu lhe conceder o título de Doutor Honoris Causa. Após a divulgação de que lhe daria esse título, o presidente foi informado de que esse título é dado apenas por uma universidade. Como o país não tinha uma, foi então criada, às pressas, a Universidade do Brasil, que atualmente é a Universidade Federal do Rio de Janeiro. Na verdade, juntaram-se algumas faculdades existentes e deram o nome de Universidade. Aliás, esse processo por pouco não ocorre, pois quase perderam os prazos diante de tamanha burocracia existente. Relatei esse episódio apenas para reforçar o fato do que você perguntou. O poder — Estado — sempre foi uma referência? Creio que não. Muito poucas vezes na história brasileira, que vi de perto, a sociedade respeitou o Estado, sempre personificado por alguém. Como o Estado sempre dependeu de uma personalidade, que sempre foi maior que o próprio Estado, o respeito nunca se instaurou como uma instituição. Isso é muito forte. Obviamente, sempre pelos atos patrimonialistas que vimos sendo feitos por todos que passaram. Se eu pudesse fazer uma reflexão diante de toda a história, eu diria que sempre precisamos acreditar num monarca, ou na vinda de um messias. E eles sempre nos decepcionaram, em algum lugar. Está na história. É só ler. Essa credibilidade, ou falta de credibilidade, nunca criou o significado do Estado como um Pai. Um Pai que diria o que é certo e o que é errado, punindo seus filhos e os colocando no caminho certo. Quando isso não ocorre, os filhos sempre se desvirtuam. Tive muitos filhos em muitas épocas, sei disso muito bem.

Como não dizer: "Não devolvi, não foi erro meu" ou "Se político faz eu também posso fazer" ou "Não falei nada, não adianta mesmo" ou "Agora é a minha vez também". Sou apenas igual a todo mundo. Essa é a lei maior que vigora hoje. Para quem viveu a história como eu, sabe que a corrupção foi trazida pelo Poder Público e acabou dominada por todos. Você quer que eu seja o diferente? Agora eu que lhe pergunto: Você não faz? Você é o diferente?

(ANALISTA) *Vamos encerrar a seção. Paramos por aqui.*

Em primeiro lugar, gostaria de agradecer ao nobre leitor por ter aceitado a fantasia[21] de participar dessa seção de análise com o Pedro Manoel. Esta forma propiciou a reunião de todos os principais fatos históricos destacados sequencialmente na pesquisa, para poder submetê-los aos conceitos da psicanálise, no sentido de respondermos à questão central. Nunca é demais lembrar que os fatos narrados pelo Pedro têm, comprovadamente, fundamentos históricos. Portanto, estou confortável com a hipótese de que se houvesse a possibilidade de uma pessoa viver os 380 anos do Pedro, seus relatos seriam amplamente aderentes aos relatos que propus.

Portanto, concluindo, podemos sustentar que a prática do malfeito na sociedade brasileira se banalizou e deixou de ser primazia das elites. Podemos, ainda, sustentar que no momento em que a nova ordem dos laços sociais se instalou na sociedade, *dessacralizando* as instituições e fragilizando as hierarquias, o Homem Comum se sentiu livre para a prática banalizada. Sustento ainda que o Homem Comum passou a se comportar como um sujeito da perversão social, e, por conseguinte, a sociedade como um todo também assumiu tal comportamento. O sujeito tem a consciência da lei, mas a denega, recorrentemente, substituindo-a por leis próprias.

Nesse momento, duas variáveis me parecem fundamentais nessa análise, surgidas ao longo do desenvolvimento da pesquisa, que proponho como amplificadoras no processo de subjetivação do sujeito para o comportamento da perversão social: a *Referência do Estado* e a *Impunidade*. Essas duas variáveis, potencializaram o comportamento de perversão social na sociedade brasileira.

Quanto à *Referência do Estado*, além de todos os fatos históricos relatados, vimos sua completa precariedade, por ocasião da pesquisa de campo, quando menos de 10% dos entrevistados relatam alguma referência na postura do Estado. O Estado como o Pai Social, termo que propus por analogia à figura do pai freudiano, visivelmente não é capaz de impor o papel da lei, de forma institucionalizada, como não foi no passado. O Pai totêmico, assim como a figura do pai como o representante da lei, no ambiente edipiano, não encontra paralelo na representação do Pai Social na sociedade brasileira. Nessa construção, sustento que quando o sujeito se liberta da estrutura hierárquica que vivia, ganha a individualidade do mundo contemporâneo, e a referência subverte sua subjetivação, jogando-o na banalidade da transgressão. Uma banalidade que esse sujeito mal a enxerga.

Aliado à Referência do Pai Social, conjugamos o processo de *Impunidade*, que sempre frequentou a cena social brasileira em todos os momentos. O legalismo seletivo sempre esteve na base dessa impunidade. Os fatos históricos são insofismáveis e moldaram a debilidade do Estado brasileiro que, convenhamos, sempre foi a sua força. Portanto, postulo ainda que o grande "fetiche" da perversão social que propomos é a impunidade. A impunidade provoca a excitação pelo gozo da transgressão, estando relacionada diretamente com o objeto que é a transgressão. Postulo fazer esse paralelo com a perversão estrutural, pois enxergo a mesma mecânica, agora num ambiente social. Assim, vejo a transgressão como efetivamente um gozo.

As questões que relacionei na pesquisa de campo, tais como: "não devolvi, não foi erro meu" ou "se político faz eu também posso fazer" ou "não falei nada, não adianta mesmo" ou "agora é a minha vez também", dentre outras, mostraram-se fortemente aderentes ao Homem Comum, demonstrando que a subjetivação desse sujeito, que tem a consciência da existência da lei e, contudo, a contorna de forma banal. Essa consciência pode ser vista quando o Homem Comum enxerga seu par como um transgressor. Os fatos históricos demonstram tal questão, bem como a pesquisa de campo que aponta nessa direção, tendo aderência de cerca de 90% dos entrevistados. Da forma com que todos se comportaram por ocasião dessa pesquisa, posso depreender uma subjetividade pela banalidade de forma profunda.

Por fim, sustento que Homem Comum brasileiro foi subjetivado para ter um comportamento de perversão social que, por si só já lhe daria um generoso grau de ações de transgressão, contudo, a *Impunidade* e a *Referência do Estado* elevaram seu grau de transgressão, ao nível do Banal. Esse é o adendo de conclusão que chego e que guarda certa distinção da minha visão de partida. Concluo propondo que a perversão social, em si, somente a partir da mutação dos laços sociais proposta por Lebrun, não daria o comportamento da banalidade. Minha conclusão segue no sentido da amplificação do comportamento da Perversão Social, dada pela Impunidade e pela Referência do Estado.

Visando fazer um contraponto com a pesquisa de campo apresentada anteriormente, elaboramos quatro perguntas que foram submetidas de forma remota, a um público nativo dos EUA, cujo resultado foi apresentado no capítulo anterior. A ideia básica do contraponto era avaliar exatamente a credibilidade do nativo americano quanto à aceitação do Governo como referência bem como sua inclinação ao malfeito, via imagem do seu par. Embora a pesquisa tenha sido feita de forma virtual e com pequena amostragem, a resposta nos suscita algo que merece uma investigação mais aprofundada. Pelas respostas, vimos que o americano comum enxerga seu par como transgressor e não vê o Estado como seu representante. À primeira vista essa tendência foi surpreendente. Contudo, se fizermos uma análise mais profunda dos atuais fatos postados na mídia, notamos que os EUA vivem uma crise político-social muito visível, com uma deterioração dos valores sociais bem contundente. Fatos recentes de violência policial contra negros levaram inúmeras manifestações ao longo do primeiro semestre do ano de 2020 e comprovam essa tendência. Mas também, é claro que não há a banalização da transgressão nos moldes que vemos no Brasil pelos cidadãos comuns americanos. Isso só reforça a tese de que a impunidade é fator preponderante na subjetivação do homem comum.

A referência americana do Estado sempre foi muito profunda, e se confunde com a própria história do país, fato claramente demonstrado pelo patriotismo que existe por lá. É possível que esse resultado negativo da referência do Estado seja algo de momento, função de polarizações políticas atuais. Para que possamos sustentar de forma mais aguda essas postulações, seria necessário um estudo mais aprofundado. Entretanto, os indicativos que obtivemos já nos apontam para o fato de que há uma perspectiva de um comportamento social na linha da perversão social, mas tendo a impunidade assim como o registro de memória da referência do Estado como sendo preponderantes na subjetivação do homem comum americano, no sentido de mitigar o processo de perversão social.

No Brasil, penso que já reunimos elementos suficientes para sustentar o comportamento social de uma sociedade em direção à perversão social, no contemporâneo. Não temos os mesmos elementos para sustentar tal posição na sociedade americana. Mas os indícios obtidos são bem intrigantes e podem apontar nessa mesma direção.

Para que não fiquemos apenas no campo da denúncia, diante da postulação sustentada, gostaria de arriscar algumas ações propositivas que visem mitigar os efeitos maléficos que degradam os valores sociais. O eixo central da proposição é a conscientização do Homem Comum, ou melhor, a ressubjetivação desse sujeito. Os dois pilares desse processo de ressubjetivação recaem no legalismo seletivo, base da impunidade, bem como na referência, base para a "imitação" de comportamento.

Assim, é importante que setores da elite "consciente", ou seja, importantes cidadãos de bem, promovam maciças campanhas de comunicação, expondo personalidades que sirvam de referência para diversos grupos sociais. Temos que eleger referências que pertençam a determinadas comunidades que possam demonstrar a possibilidade de novos hábitos nas várias classes sociais. Os meios de comunicação devem ser sensibilizados no sentido de promoverem campanhas específicas dessa natureza, bem como enaltecer ações do poder público que visem o combate do malfeito. Os meios de comunicação devem promover debates públicos sobre o tema, mostrando as vantagens de uma sociedade que se desenvolva com menor grau de transgressão. É parte, também, dos meios de comunicação uma cobrança recorrente quanto à punição por parte do poder público no combate à corrupção. Tudo deverá girar em torno de campanhas de comunicação, partindo da elite dominante organizada. A sociedade tem que perceber que ela é capaz de propor a virada do jogo.

O discurso não pode ser raso no sentido de que a corrupção no Brasil é uma questão de investimentos em Educação. Não é! Vimos ao longo de toda essa trajetória que os maiores atos de corrupção, os mais deletérios — em todos os tempos, inclusive no contemporâneo, foram praticados pelos mais letrados personagens. A corrupção no Brasil é uma questão cultural. É um produto da subjetivação que transpassa todas as camadas sociais. O brasileiro precisa ser ressubjetivado. Isso é um processo de linguagem, um processo de discurso e, portanto, um processo de convencimento.

O Brasil precisa de uma terapia social coletiva. O Brasil precisa discutir esse assunto em larga escala. Ninguém mais do que a aristocracia, no seu sentido grego da palavra — os melhores — para iniciar esse movimento. Por séculos esperamos que o poder público fizesse tal movimento. Provamos historicamente que ele nunca fez, e possivelmente nunca o fará. Esse trabalho tem que ser iniciado pelos melhores, pela aristocracia consciente. Obviamente os que são decentes. A luta será profunda e muito longa, levará, possivelmente, uma geração. Mas creio que seja possível. É uma luta de multiplicações. É uma luta da palavra.

Por ora, comecei a fazer a minha parte.

E você?

REFERÊNCIAS BIBLIOGRÁFICAS

ABBAGNON, Nicola. *Dicionário de Filosofia*. São Paulo: Martins Fontes — 5ª edição — Edição Revisada e Ampliada, 2007.

AGAMBEN, Giorgio. "O que é o Contemporâneo?" In: *O que é o Contemporâneo? e outros ensaios*. [tradutor Vinícius Nicastro Honesko].—Chapecó, SC: Argos, 2009.

AGAMBEN, Giorgio. *O amigo & O que é um dispositivo?* Chapecó, SC: Argos, 2014.

AGAMBEN, Giorgio. *Estado de Exceção — Homo Sacer, II, I*. São Paulo: Editora Boitempo, 2004.

AYUB, João Paulo. *Introdução à analítica do Poder de Michel Foucault.*, São Paulo: Editora Intermeios — 1ª edição — 2015.

BAUMAN, Zygmunt. *Modernidade líquida*. Rio de Janeiro: Jorge Zahar Editor, 2001.

BAUMAN, Zygmunt. *O Mal-Estar da Pós-Modernidade*. Rio de Janeiro: Jorge Zahar Editor, 1998.

BIRMAN, Joel. *Mal-estar na atualidade*. Rio de Janeiro: Civilização Brasileira, 2016.

BIRMAN, Joel. *Arquivos do Mal-Estar e da Resistência*. Rio de Janeiro: Editora Civilização Brasileira, 2ª edição 2017.

BOBBIO, Norberto. *A era dos direitos*. Tradução Carlos Nelson Coutinho. 7ª tiragem. Nova ed. — Rio de Janeiro: Elsevier, 2004

BULHÕES, Tatiana da Silva. *Integralismo em Foco — Imagem e propaganda política*. Rio de Janeiro: Imprensa Oficial do Estado do Rio de Janeiro, 2011.

CALDEIRA, Jorge. *História da riqueza no Brasil*. Rio de Janeiro: Estação Brasil, 2017

CONRAD, Robert. *Os últimos anos da escravatura no Brasil*. Rio de Janeiro: Civilização Brasileira, 1978.

COUTINHO, Carlos Nelson. *Gramsci: Um Estudo sobre seu Pensamento Político*. Rio de Janeiro: Editora Civilização Brasileira, 2007.

DOR, Joel. *Estruturas e clínica psicanalítica*. Rio de Janeiro: Taurus-Timber, 1991.

DUMONT, Louis. *Ensaios sobre o Individualismo: Uma perspectiva antropológica sobre a ideologia moderna*. Lisboa, Dom Quixote, 1992.

FOUCAULT, Michel. *Vigiar e Punir*. Petrópolis: Editora Vozes

— 42ª edição — 2014.

GRAMSCI, Antonio. "Americanismo e Fordismo". In: *Quaderni del Carcere [Cadernos do Cárcere]. Vol. 1.* Torino: Einaudi Editore, 1975.

HOLANDA, Sergio Buarque. *Raízes do Brasil.* São Paulo: Editora Schwarcz, 1995.

LACAN, Jacques. *O Seminário Livro 5 As formações do inconsciente 1975-1959.* Rio de Janeiro: Zahar, 1999

LACAN, Jacques. *Seminário 7, A ética da psicanálise.* Rio de Janeiro: Jorge Zahar, 1997.

LACAN, Jacques. (1964-1965). *Seminário 11, Os quatro conceitos fundamentais da psicanálise.* Rio de Janeiro: Jorge Zahar, 1979.

LEAL, Victor Nunes. *Coronelismo, enxada e voto: o município e o regime representativo no Brasil.* 7ª edição São Paulo, Companhia das Letras, 2012.

LEBRUN, Jean-Pierre. *A perversão comum; viver junto sem o outro.* tradução Procópio Abreu, Rio de Janeiro: Campo Matêmico, 2008.

LIPOVETSKY, Gilles. *A Era do Vazio.* São Paulo: Editora Manole, 2005

MANNONI, Octave. "Eu sei, mas mesmo assim..." *In:* C.S. Katz (org.), *Psicose: uma leitura psicanalítica.* São Paulo: Escuta. p. 183-212. 1991

MARCUSE, Herbert. *Eros e Civilização — Uma Interpretação Filosófica do Pensamento de Freud.* Rio de Janeiro: Jorge Zahar Editor, — 6ª edição –1975.

MEZAN, Renato. *"O Mal-Estar na Modernidade"*. *Veja*, São Paulo, p. 68 — 70, 26 dez. 2000.

NIETZSCHE, Friedrich Wilhelm. *Assim falou Zaratustra: um livro para todos e para ninguém*. São Paulo: Companhia das Letras, 2011.

NOVAIS, Fernando. *Portugal e Brasil na crise do antigo sistema colonial (1777-1808)*. São Paulo: Hucitec, 1989.

PLATÃO, *A República / Platão*. Organização: Daniel Alves Machado — Brasília: Editora Kiron, 2012.

PRADO JR., Caio. *Formação do Brasil contemporâneo*. São Paulo: Brasiliense, 1979.

ROMEIRO, Adriana. *Corrupção e Poder no Brasil Uma História, século XVI a XVIII*. Belo Horizonte: Autêntica Editora, 2017.

ROUDINESCO, Elisabeth. *PLON, Michel*. Dicionário de Psicanálise. Rio de Janeiro: Jorge Zahar Ed, 1998.

ROUDINESCO, Elisabeth. *A parte obscura de nós mesmos — Uma história de perversos*. Rio de Janeiro: Editora Zahar, 2008.

SANTOS, Wanderley Guilherme dos. *O Ex-Leviatã Brasileiro: do Voto disperso ao Clientelismo Concentrado*. Rio de Janeiro: Editora Civilização Brasileira, 2006.

SAVIANI. *História das ideias pedagógicas no Brasil*. 2 ed. rev. e. amp. Campinas: Autores Associados, 2008.

SENNETT, Richard. *A Corrosão do Caráter — O desaparecimento das Virtudes com o Novo Capitalismo*. Rio de Janeiro: Edições BestBolso, 2016.

SIMMEL, Georg. *O indivíduo e a liberdade*. Brasília: Ed. UnB, 2005a.

SOUZA, Michel Aires. "O Mal-Estar na Civilização Moderna". *Revista O Viés Jornalismo e Contratempo*, São Paulo, 2012

SCHWARCZ, Lilia M. e Heloisa M. Starling. *Brasil: Uma Biografia*, 1ª Ed. São Paulo: Companhia das Letras, 2015.

SCHWARTZ, Stuart B. *Sovereignty and society in colonial Brasil: the hight court of Bahia and its judges (1609-1751)*. Berkeley: University of California Press, 1973.

SCHWARTZ, Stuart B. *Burocracia e sociedade no Brasil colonial: a Suprema Corte da Bahia e seus juízes (1609-1751)*. São Paulo: Perspectiva, 1979.

SZPACENKOPF, Maria Isabel Oliveira. *Perversão Social e reconhecimento na atualidade*. Rio de Janeiro: Editora Garamond, 2011.

TAYLOR, Charles. *A Ética da Autenticidade*. São Paulo: Realizações Editora, 2011.

TOCQUEVILLE, Alexis. *A Democracia na América*, Tradução Eduardo Brandão, São Paulo: Martins Fonte Editora, 2005 2ª edição

WEBER, Max. *Economia e Sociedade*. Volume 2. Brasília: Editora UNB, 1997.

ARTIGOS REFERENCIADOS

BRAGA, Ana Carolina; MAZZEU, Francisco José Carvalho. "O analfabetismo no Brasil: lições históricas2. *Rev. on line de*

BRESSER-PEREIRA, Luis Carlos. "Do Estado patrimonial ao gerencial". *In:* Pinheiro, Wilheim e Sachs (orgs.), *Brasil: Um Século de Transformações.* S.Paulo: Cia. das Letras, 2001: 222-259. São Paulo. (bresserpereira@uol.com.br - www.bresserpereira.org.br). 2001.

CABRAL, João Francisco Pereira. "Conceito de Indústria Cultural em Adorno e Horkheimer"; *Brasil Escola.* Disponível em: https://brasilescola.uol.com.br/cultura/industria-cultural.htm. Acesso em 18 de agosto de 2020. Site UOL 2020

CARDOSO, Irene. *A geração dos anos de 1960: o peso de uma herança. Tempo Social,* Print version ISSN 0103-2070On-line version ISSN 1809-4554, soc. vol.17 no.2 São Paulo Nov. 2005, https://doi.org/10.1590/S0103-20702005000200005.

COTA, Luiz Gustavo Santos. *Não só "para inglês ver": justiça, escravidão e abolicionismo em Minas Gerais.* Trabalho como parte integrante da dissertação de mestrado defendida pelo autor junto ao Programa de Pós-Graduação em História da Universidade Federal de Juiz de Fora. História Social, n. 21, segundo semestre de 2011.

CORRÊA, Carlos Pinto. *Perversão: trajetória de um conceito.* Estudos de Psicanálise versão impressa ISSN 0100-3437, Estud. psicanal. n.29 Belo Horizonte set. 2006.

DUNLEY, Glaucia Peixoto. *Ensaio sobre o Dom, de Marcell Mauss: um compromisso com o futuro da psicanálise.* Resenha de: MAUSS, Marcel. (1923-24) "Essai sur le Don — Forme et Raison de l'Echange dans les Sociétés Archaïques". In: Sociologie et Anthropologie. Paris: PUF. pP. 145-171, 1991.

Publicado na Psicanálise & Barroco: www.psicanaliseebarroco. pro.br Núcleo de Estudos e Pesquisa em Subjetividade e Cultura — UFJF/CNPq Programa de Pós-Graduação em Memória Social — UNIRIO, em Julho de 2011: revista v.9, n.1: 193-207, jul.2011.

FERREIRA, Breno de Oliveira; MENESES, Hélem Soares de. *Perversão à Luz da Psicanálise.* Psicologado, [S.l.]. (2011). Disponível em https://psicologado.com.br/abordagens/ psicanalise/perversao-a-luz-da-psicanalise . Acesso em 17 Ago 2020.

MINERBO, Marion. *A lógica da corrupção: um olhar psicanalítico.* Novos estud. - CEBRAP [online]. 2007, n. 79, P. 139-149. ISSN 1980-5403. http://dx.doi.org/10.1590/ S0101-33002007000300007.

MOURELLE, Thiago Cavaliere. *Portugal e o Estado da Índia.* Última atualização em Quinta, 27 de Dezembro de 2018, 16h53 no site http://historialuso.an.gov.br/index. php?option=com_ content&view=article&id=5281&Itemid=412. O Arquivo Nacional e a História Luso-Brasileira.

PIJNING, Ernst. *Contrabando, ilegalidade e medidas políticas no Rio de Janeiro do século XVIII.* Minot State University, North Dakota, U.S.A. Tradução de Cristina Meneguello. Revista Brasileira de História, Print version ISSN 0102-0188On-line version ISSN 1806-9347, Rev. bras. Hist. vol.21 no.42 São Paulo 2001. https://doi.org/10.1590/ S0102-01882001000300007.

PAINS, Clarissa. *Historiadores resgatam episódios de corrupção no Brasil Colônia e na época do Império.* Publicado no O Globo em

05/09/2015 - 07:00 / Atualizado em 07/09/2015 - 14:52. www.oglobo.com.br.

SALES, Luiz Carlos de Paula; BRITO, Ronaldo Figueiredo. *Impunidade: consequência da criminalidade no Brasil?*, Revista Eletrônica do CESVA — ISSN: 1982-8373, Saber Digital, v. 8, n. 1, p. 21-44, 2015.

SITES ACESSADOS

www.metropoles.com *Metrópoles de 10/05/2020 intitulado: Respiradores chegam quebrados e falsificados.*

www.g1.com.br *de 06/05/2018 intitulado: A revolta de maio de 68 na França através dos cartazes feitos na época.*

https://www1.folha.uol.com.br/fsp/cotidian/ff2605200729.htm *de 26/05/2007 intitulado: Mesmo em queda, taxa de analfabetismo em 2000 é superior à dos EUA em 1940*

https://exame.com/blog/instituto-millenium/brasileiro-ainda-esta-em-processo-de-cidadania/ *Publicado em: 20/01/2011 às 14h06 Alterado em: 24/02/2017 às 10h34 intitulado: Brasileiro ainda está em processo de cidadania, por Instituto Millenium.*

https://oglobo.globo.com/brasil/brasil-tem-36-paralisacoes-de-agentes-de-seguranca-por-ano-24279478 *Publicado em: 01/03/2020 - 04:30 intitulado: Brasil tem 36 paralisações de agentes de segurança por ano, por Alice Cravo — O Globo.*

https://g1.globo.com/mundo/noticia/2019/01/29/brasil-fica-cai-para-105o-lugar-em-ranking-de-2018-dos-paises-menos-corruptos.ghtml *Publicado em: 29/01/2019 03h00 intitulado:*

Brasil piora em ranking de percepção de corrupção em 2018, por Gabriel Luiz, G1 DF, site G1.

https://exame.com/brasil/eleitores-que-votaram-em-bolsonaro-acreditam-que-tudo-vai-mudar-no-pais/ *Publicado em: 29/10/2018 às 20h43 intitulado Eleitores que votaram em Bolsonaro acreditam que "tudo vai mudar" no país, por AFP, site Exame.*

https://oglobo.globo.com/economia/em-dois-meses-governo-gasta-48-bilhoes-em-pensoes-24188005 *Publicado em: 14/01/2020 - 04:30 / Atualizado em 14/01/2020 - 10:31 intitulado Em dois meses, governo gasta R$ 4,8 bilhões em pensões, por André de Souza, site O Globo.*

https://blogs.oglobo.globo.com/merval-pereira/post/atraso-secular.html *Publicado em 18/10/2019 - 04:30 intitulado Atraso secular, por Merval Pereira, site O Globo.*

https://oglobo.globo.com/economia/brasil-ja-gasta-10-do-pib-com-salarios-de-servidores-ou-725-bilhoes-por-ano-23313405 *Publicado em 18/12/2018 - 12:56 / Atualizado em 18/12/2018 - 21:38 intitulado Brasil já gasta 10% do PIB com salários de servidores, ou R$ 725 bilhões por ano, por Daiane Costa, site O Globo.*

https://nacoesunidas.org/wp-content/uploads/2018/10/DUDH.pdf - *Declaração Universal dos Direitos Humanos.*

https://biblioteca.ibge.gov.br — *Censos 2010 e 1872.*

NOTAS DO AUTOR

[1] Poderíamos tê-lo chamado de Indivíduo comum. Contudo, quando entrarmos nos conceitos psicanalíticos faremos a divisão desse indivíduo e, portanto, não poderíamos chamá-lo de indivíduo.

[2] Para Michaelis On-Line (michaelis.uol.com.br), Transgressão: ato de transgredir. Na conotação jurídica é qualquer violação da lei.

[3] Giges foi rei da Lidia, c. 687-651 a.C., depois de ter assassinado o monarca anterior, Candaules, e de ter desposado a viúva deste. As circunstâncias romanescas da história foram narradas por Heródoto (I. 8-12) e serviram também de tema a uma tragédia, de que se recuperou num papiro um fragmento de 16 versos, mas que se não sabe datar. A parte relativa ao anel é exclusiva de Platão.

[4] João Pessoa foi morto num bar, no Recife, pelo advogado João Dantas, que teve suas cartas picantes de amor à poetisa Anaíde Beiriz reveladas a mando de Pessoa. O que era um crime passional, a Aliança Liberal aproveitou e politizou a cena, com a ajuda

do jornalista Assis Chateaubriand (1892-1968), que noticiou dizendo que o político havia sido morto a mando do Governo. Essa passagem é narrada pelo escritor Fernando Morais em seu livro "Chatô, o rei do Brasil". Podemos considerar esse evento como uma clara ação que hoje chamamos de *Fake News*.

[5] Opinião do autor quanto à questão da miscigenação brasileira. É muito comum escutarmos nos fóruns de debates que o problema do Brasil é seu elevado grau de miscigenação. Por certo podemos dizer que isso é uma grande bobagem. Vimos ao longo da pesquisa e vamos comprovar nessa seção que a sociedade brasileira sempre foi um grande contingente de analfabetos, reprimidos, relegados à baixa cultura e comandados por uma minoria que só desejava a manutenção de seus status de poder. Os séculos se passaram e não conseguimos o salto no desenvolvimento social necessário a um país dessa dimensão, salto esse que vimos nos EUA. Achar que a culpa é do alto grau de miscigenação é simplificar por demais essa equação, tornando essa discussão rasa e sem nenhum fundamento acadêmico que a sustente. Imagino que o discurso da miscigenação seja na verdade um aspecto tido como racista para camuflar a falta do respeito social que as elites do poder dedicaram ao Homem Comum.

[6] **Ego,** o Superego e o Id são instâncias que formam a psique humana, na visão da Teoria da Personalidade,

desenvolvida por Sigmund Freud. O Ego surge a partir da interação do ser humano com a sua realidade. É também chamado de "princípio da realidade".

[7] **Outro:** Segundo Lacan, o outro com um pequeno o, é o outro imaginário, a alteridade em espelho, que nos faz depender da forma de nosso semelhante. O segundo, o Outro absoluto (o maiúsculo), é aquele em que nós nos endereçamos para além desse semelhante, aquele que nós somos forçados a admitir para além da relação espelhar, aquele que aceita ou que se recusa em face de nós, aquele que tem a oportunidade de nos enganar, em que não podemos jamais saber se ele não nos engana, aquele em que nós nos endereçamos sempre. Sua existência é tal que o fato de se endereçar a ele, de se ter com ele como uma linguagem, é mais importante que tudo o que pode estar em jogo entre ele e nós.

[8] **Mnêmico:** é algo relativo à memória, ao ato de memorizar, de reter ideias.

[9] **Significante:** segundo Roudinesco (*Dicionário de Psicanálise* — 1998), o termo foi introduzido por Ferdinand Saussure (1857-1913), no quadro de sua teoria estrutural da língua, para designar a parte do signo linguístico que remete à representação psíquica do som (ou imagem acústica), em oposição à outra parte, ou significado, que remete ao conceito. Esse termo foi retomado por Lacan, como um conceito central

em seu sistema de pensamento, o significante transformou-se, em psicanálise no elemento significativo do discurso (consciente ou inconsciente) que determina os atos, as palavras e o destino do sujeito, à sua revelia e à maneira de uma nomeação simbólica.

[10] **Hegelianos:** Gerog Wilhelm Hegel foi um filósofo germânico que nasceu em 1770 e morreu em 1831. Um de suas mais importantes obras foi a *Fenomenologia do Espírito*, publicada em 1807 onde ele apresenta um importante conceito de auteridade, que será utilizado tanto por Freud, Lacan e tanto outros na concepção das teorias da psicanálise.

[11] **Barrado:** Segundo Lacan, o sujeito do inconsciente é o sujeito barrado da linguagem, constituindo-se como falta-a-ser, considerada pelo autor como o centro da experiência analítica. Efeito do significante e da falta que ele engendra, o sujeito do inconsciente constituindo-se a um só tempo como sujeito do pensamento e do desejo inconsciente.

[12] **Foraclusão:** A foraclusão indica o tipo de negação envolvida no recalcamento: Verwerfung, cuja sequência para o sujeito é o retorno no real, já que a negação se deu pela via do simbólico. Detalhando ainda mais esse conceito que já mencionamos anteriormente, podemos dizer que tratando-se da neurose, o que está em jogo é o recalcamento (Verdrängung), cujo retorno se constitui num sintoma; já,

no caso do desmentido ou da recusa (Verleugnung), estratégia do sujeito da perversão, o retorno é o fetiche; e o mecanismo de defesa da psicose é a foraclusão (Verwerfung), tendo a alucinação como aquilo que retorna. A neurose, a Psicose e a perversão, ditas aqui são situações advindas da conclusão do Complexo de Édipo.

[13] **Coisa (das Ding):** Para Lacan, das Ding é o elemento que é originalmente isolado pelo sujeito em sua experiência do Outro como sendo, por sua natureza, estranho (Fremde): "O Ding como Fremde, estranho e podendo mesmo ser hostil num dado momento, em todo caso como o primeiro exterior, é em torno do que se orienta todo o encaminhamento do sujeito" (Lacan, [1959-1960] 1997: 69). Apesar de ser inassimilável, das Ding serve de referência para o desejo, na medida em que permite ao aparelho atentar para o mundo das percepções. Das Ding enquanto vazio, furo na subjetividade, funciona como índice de exterioridade. É algo interno à subjetividade que funciona como índice da realidade.

[14] **Forças pulsionais:** segundo Roudinesco (*Dicionário de Psicanálise* — 1998), o termo Pulsão surgiu na França em 1625, designado como ato de impulsionar. O termo foi empregado por Freud a partir de 1905, quando se tornou um grande conceito da doutrina psicanalítica, definido como a carga energética que se encontra na origem da atividade motora do

organismo e do funcionamento psíquico inconsciente do homem. Para Freud, pulsão é um dos conceitos da demarcação entre o psíquico e o somático, e é a representação psíquica de uma fonte endossomática de estimulações que fluem continuamente, em contraste com a estimulação produzida por excitações esporádicas e externas.

[15] **Pulsão de morte:** segundo Roudinesco (*Dicionário de Psicanálise* — 1998), em 1920, com a publicação da Mais-além do princípio do prazer, Freud instaurou um novo dualismo pulsional, opondo as pulsões de vida às pulsões de morte. A partir da observação da compulsão à repetição, que Freud pensou em teorizar aquilo a que chamou de pulsão de morte. De origem inconsciente, essa pulsão leva o sujeito a se colocar repetitivamente em situações dolorosas, réplicas de experiências antigas. Assim, Freud reconheceu o caráter demoníaco nessa compulsão à repetição que comparou à tendência à agressão. Cabe a curiosidade que Nietzsche (1844-1900) concebia o espírito humano como um sistema de pulsões suscetíveis de entrarem em colisão ou se fundirem umas com as outras, e que também ele atribuía um papel essencial aos instintos sexuais, os quais distinguia dos instintos de agressividade e de autodestruição. Ainda segundo Roudinesco, Lacan em seu seminário de 1964, considerou a pulsão como um dos quatro conceitos fundamentais da psicanálise. Para Lacan, a pulsão inscreve-se numa aborda-

gem do inconsciente em termos de manifestação da falta e do não realizado, sendo considerada na categoria do real. Apenas para concluir, os quatro conceitos da psicanálise são: Inconsciente, Repetição, Transferência e Pulsão.

[16] **Narcisismo:** segundo Roudinesco (*Dicionário de Psicanálise* — 1998), esse termo foi empregado pela primeira vez pelo psicólogo francês Alfred Binet (1857-1911) em 1887, para descrever uma forma de fetichismo que consiste em se tomar a própria pessoa como objeto sexual. Freud introduz o termo em 1910. Em 1914, o termo adquiriu o valor de um conceito. O narcisismo como fenômeno libidinal, passou então a ocupar um lugar essencial na teoria do desenvolvimento sexual do ser humano. Assim, Freud, em 1914 define o narcisismo como a atitude resultante da transposição para o eu do sujeito, dos investimentos libidinais antes feitos nos objetos do mundo externo. Daí, Freud postula um narcisismo primário infantil, que diz respeito à escolha que ela faz de sua pessoa como objeto de amor, numa etapa precedente à plena capacidade de se voltar para objetos externos. No início da década de 1920, Freud define o narcisismo secundário, narcisismo do eu, como resultado manifesto da clínica da psicose, da retirada da libido de todos os objetos externos.

[17] **Gozo:** segundo Roudinesco (*Dicionário de Psicanálise* — 1998), o termo gozo foi raramente utilizado por

Freud. O termo tornou-se um conceito da obra de Lacan. Inicialmente ligado ao prazer sexual, o conceito de gozo implica a ideia de uma transgressão da lei: desafio, submissão ou escárnio. O gozo participa da perversão, teorizada por Lacan como um dos componentes estruturais do funcionamento do psíquico, distintos das perversões sexuais. Posteriormente, o gozo foi repensado por Lacan no âmbito de uma teoria da identidade sexual, expressa em fórmulas da sexuação, que levaram a distinguir o gozo fálico do gozo feminino. É importante destacar que Lacan vem estabelecer a distinção entre o prazer e o gozo, no sentido que este reside na tentativa permanente de ultrapassar os limites do princípio do prazer. Esse movimento, ligado à busca da coisa perdida que falta no lugar do Outro, é causa de sofrimento; mas tal sofrimento nunca erradica por completo a busca do gozo.

[18] **Fetichismo:** segundo Roudinesco (*Dicionário de Psicanálise* — 1998), termo criado por volta de 1750, derivado do português *feitiço*: sortilégio, artifício. Em 1905, Freud inicialmente utiliza o termo para designar uma perversão sexual, caracterizada pelo fato de uma parte do corpo ou um objeto serem escolhidos como substituto de uma pessoa, depois para definir uma escolha perversa, em virtude da qual o objeto amoroso (partes do corpo ou objetos relacionados com o corpo) funciona para o sujeito como substi-

tuto de um falo, atribuído à mulher, e cuja ausência é recusada por uma renegação.

[19] **Não-resolução:** segundo Roudinesco (*Dicionário de Psicanálise* — 1998), o Complexo de Édipo desaparece com o complexo de castração, o menino reconhece então na figura paterna o obstáculo à realização dos seus desejos. Abandona o investimento feito na mãe e evolui para uma identificação com o pai, a qual lhe permite, mais tarde, uma outra escolha de objeto e novas identificações: ele se desliga da mãe (desaparecimento do complexo de Édipo) para escolher um objeto do mesmo sexo. Portanto, a não finalização do Complexo de Édipo nessa base, gera a Neurose, Psicose ou Perversão, segundo a teoria.

[20] **Dispositivo:** O conceito de dispositivo é desenvolvido por Foucault em seu livro *História da sexualidade*, especialmente em *A vontade de saber*. Porém, é na entrevista que presta à International Psychoanalytical Association (IPA) que o autor explicita o conceito como um conjunto decididamente heterogêneo que engloba discursos, instituições, organizações arquitetônicas, decisões regulamentares, leis, medidas administrativas, enunciados científicos, proposições filosóficas, morais, filantrópicas. Em suma, o dito e o não dito são os elementos do dispositivo. O dispositivo é a rede que se pode tecer entre estes elementos. O dispositivo potencializa e mantém o exercício de poder dentro do corpo social.

[21] **Fantasia:** segundo Roudinesco (*Dicionário de Psicanálise* — 1998), a partir de 1897, Freud utiliza esse termo como um conceito. Freud estabelece uma distinção entre as fantasias conscientes, os devaneios e os romances que o sujeito conta a si mesmo, bem como certas formas de criação literária, e as fantasias inconscientes, devaneios subliminares, prefiguração dos sintomas histéricos, a despeito de estas serem concebidas como estreitamente ligadas às fantasias conscientes. Para Lacan, no seminário 1956-1957, a fantasia é assimilada ao que ele passa a denotar de "parada da imagem", maneira de impedir o surgimento de um episódio traumático.

AGRADECIMENTOS

Em primeiro lugar gostaria de agradecer à minha família. Sem a compreensão deles por certo não teria tido a oportunidade de dedicar o tempo que dediquei. Devo, também, sincera gratidão à orientação do Prof. Auterives Maciel pela paciência, generosidade e, sobretudo, pelo conhecimento que me transmitiu.

Por fim, expresso uma enorme gratidão a todas as pessoas que, anonimamente, participaram, presencialmente, da pesquisa de Campo realizada no Rio de Janeiro, bem como o apoio que tive para a realização da pesquisa de Campo, realizada virtualmente nos estados da Carolina do Norte e do Missouri, nos EUA.